中等职业教育国家规划教材配套教材

财经基本技能

(第2版)

主编 张建强

中国财经出版传媒集团
中国财政经济出版社

图书在版编目（CIP）数据

财经基本技能/张建强主编．—2版．—北京：中国财政经济出版社，2019.9（2024.1重印）
中等职业教育国家规划教材配套教材
ISBN 978 – 7 – 5095 – 9070 – 6

Ⅰ．①财…　Ⅱ．①张…　Ⅲ．①会计 – 中等专业学校 – 教材　Ⅳ．①F23

中国版本图书馆CIP数据核字（2019）第120657号

责任编辑：王　芳　　　　　　　责任校对：张　凡
封面设计：华乐功

中国财政经济出版社 出版
URL：http：//www.cfeph.cn
E – mail：jiaoyu@cfeph.cn
（版权所有　翻印必究）
社址：北京市海淀区阜成路甲28号　邮政编码：100142
营销中心电话：010 – 88191537
中煤（北京）印务有限公司印刷　备地新华书店经销
787×1092毫米　16开　12.5印张　306 000字
2019年8月第2版　2024年1月北京第5次印刷
定价：26.00元
ISBN 978 – 7 – 5095 – 9070 – 6
（图书出现印装问题，本社负责调换）
本社质量投诉电话：010 – 88190744
打击盗版举报热线：010 – 88191661　QQ：2242791300

再版说明

"财经基本技能"是会计、金融、商贸等专业的骨干课程,是出纳、会计、银行柜员、超市收银员等相关专业岗位人员日常工作中最基本的操作技能。它包括会计数字书写、人民币真假识别、点钞技能、小键盘数字录入技能(加减算、传票算、账表算、票币计算)、POS机操作技能等五个教学模块。

多年来,财经基本技能一直是各财经商贸类学校的特色课程,帮助学生在职业素养形成、动手能力培养、职业技能竞赛等多方面取得了较好的成绩。但是在教学中也出现了不少问题,主要表现在:1. 存在学校对财经基本技能教学课程随意设置、教师对教学内容随意选择的普遍情况;2. 教师在财经基本技能教学中存在方法不规范、不科学的问题;3. 学校对如何通过优化教学设计解决学生持续不断提升财经基本技能的能力缺乏研究;4. 长期以来技能教学考核存在不统一、不科学、考核难的问题。从客观上看,教学内容与教学方法不是一成不变的,它随着市场需求和教学对象的变化而改变。从主观上看,教师要发挥能动作用,做到理论联系实际,不断丰富课堂教学内容,提高教学效率,为提高学生的专业实践能力打下良好的基础。

2011年、2012年国家教育部连续举办了两届全国职业院校会计技能大赛,涌现出不少优秀的教练和选手,及大量需要及时总结的优秀教学方法。每年一度的会计技能大赛发挥了检查、选优、引导三种功能,其中引导功能是最重要的。通过技能大赛引导教学内容的选择、引导实训方式的改革、引导课程模式的更新、引导育人理念的确立,有效地将职业教育的本质与办学理念、课程建设、教学内容、教学方法、人才培养模式和评价标准融为一体,已经成为中等职业教育发展的"杠杆"和"风向标"。与此同时,全国一大批学校相继完成了国家级示范中专创建工作,会计与金融专业课程教学改革面临新的机遇。

根据国家职业教育产教融合发展要求,会计及金融专业建设中校企合作教材建设是其中的一项重要内容。为了反映最新金融、会计制度及财经工作岗位对教学的要求，解决财经基本技能教学出现的问题，有效贯彻全国职业院校会计技能大赛及校企合作的精神，我们在本教材编写过程中邀请了会计高水平实训基地"会计梦工厂"、银行业从业资格培训及企业一线的专家参与了本教材知识构架的搭建，并收集到来自财经工作一线相关技能的信息。在修订版中，我们增加了技能考核实施方案、一本全新的《财经基本技能》教材、一本配套实训教材《财经基本技能天天练》和一套实用性较强的课件（除教材外，其他资料请登录 edu.cfemg.cn 免费下载或扫封底二维码免费获取），以便将实际工作及大赛中产生的科学的、先进的、有效的教学与训练方法总结出来，进一步引导、督促各学校专业教师在抓好技能普及的基础上提高教学经验。本教材将普及与提高相结合，以促进财经基本技能教学的良性发展。

《财经基本技能》由武汉市中等职业学校会计学科带头人、湖北省省级骨干教师、武汉市财政学校高级教师张建强策划、组织实施并担任主编，全国会计技能大赛优秀教练山东省潍坊商业学校魏亚丽任副主编。参加编写的人员分工如下：魏亚丽编写模块一，湖北省会计技能大赛优秀教练、武汉市财政学校黄丽娟编写模块二，全国会计技能大赛优秀教练、武汉市财政学校讲师李莉编写模块三，全国会计技能大赛优秀教练、武汉市财政学校讲师张莎莎编写模块四，张建强编写模块五、六，另外各种学习训练小视频由李莉制作。我们希望本项目能够为学生进一步学习专业知识和培养职业技能、全面提高素质、增强适应职业变化的能力和继续学习的能力打下牢固基础。

教材在编写过程中还参考了国内兄弟院校专家的科研成果，得到广大同仁的大力帮助，在此表示感谢，由于编写时间匆忙、加之作者能力有限，书中或有不足之处，敬请各位同仁批评指正。

编者
2019 年 5 月

目 录

模块一　点钞技能与实训　……………………………………………………………（ 1 ）
　　任务1　点钞的基础知识　…………………………………………………………（ 1 ）
　　任务2　手工点钞的基本方法　……………………………………………………（ 6 ）
　　任务3　手工点钞的其他方法　……………………………………………………（ 17 ）
　　任务4　机器点钞与硬币清点　……………………………………………………（ 24 ）

模块二　小键盘数字录入技能与实训　………………………………………………（ 32 ）
　　任务1　认识小键盘数字录入技能　………………………………………………（ 32 ）
　　任务2　坐姿、手势和指法　………………………………………………………（ 34 ）
　　任务3　小键盘数字录入技能的应用　……………………………………………（ 43 ）

模块三　微机翻打传票技能与实训　…………………………………………………（ 65 ）
　　任务1　准备工作　…………………………………………………………………（ 65 ）
　　任务2　传票翻页的方法　…………………………………………………………（ 70 ）
　　任务3　看数与记数的方法　………………………………………………………（ 78 ）
　　任务4　提高传票算训练水平的方法　……………………………………………（ 95 ）

模块四　真假钞票的识别技能与实训　………………………………………………（ 99 ）
　　任务1　认识人民币的防伪特征　…………………………………………………（ 99 ）
　　任务2　人民币真假钞票的识别方法　……………………………………………（132）
　　任务3　在日常生活中发现假钞的处理　…………………………………………（139）

模块五　会计数字书写技能与实训　…………………………………………………（145）
　　任务1　小写数字书写规范与读法　………………………………………………（146）
　　任务2　中文大写的书写规定　……………………………………………………（160）
　　任务3　票据、结算凭证填写规范　………………………………………………（172）

模块六　财经基本技能实训及考核实施方案　………………………………………（185）
　　任务1　技能天天练　………………………………………………………………（185）

任务2　点钞技能考核标准和考核的实施 …………………………………………（186）
任务3　小键盘计算技能考核标准与考核的实施 …………………………………（189）
任务4　学习财经基本技能考核规则 ………………………………………………（191）
任务5　对影响参赛相关因素的分析及对策 ………………………………………（192）

模块一
点钞技能与实训

知识目标
1. 掌握手工点钞的基本要求。
2. 掌握机器点钞的基本要求。

能力目标
1. 能领会点钞的基本要领。
2. 掌握手工点钞的基本步骤和方法。
3. 熟悉手工点钞的其他方法。
4. 掌握机器点钞的操作方法。

情感目标
培养学生爱护人民币的品质，养成严谨、认真、准确、规范的职业道德素质。

任务1 点钞的基础知识

任务描述

在日常生活或工作中，我们经常会用到现金结算，需要清点现金结算中用到的票币。能否把票币清点清楚，就成了我们在生活和工作中的一项基本技能。尤其是在工作中，点钞有着不容忽视的要求和规范。教师通过传授点钞的基础知识，使学生熟悉和掌握这些要求和规范，为将来从事会计工作打下坚实的基础。

活动1 认识点钞技能

一、点钞技术的产生与发展

点钞是徒手或借助工具、机器来进行钞券计数的一种应用技术。点钞是财经类专业学生必须学习的一门专业技术课,也是从事财会、金融、商品经营等工作必须具备的基本职业技能。在当今机器点钞还不能完全代替手工点钞的情况下,它仍是银行、企事业单位出纳、收银、营销等部门人员主要的、技术性很强的工作。点钞的速度、准确率是评价其业务素质的重要指标。

知识驿站

点钞技术随着货币的产生而产生,1935年银元禁止流通后,我国进入使用纸币的新时代,点钞技术也开始在各行业兴起,目前已演变出多种点钞方法。

二、点钞的方法与分类

在实际工作中,点钞技能分为整点纸币和清点硬币两种。整点纸币一般包括手工点钞和机器点钞两种方法。手工点钞按持钞姿势的不同可分为手持式点钞和手按式点钞两大类。手持式点钞主要包括单指单张捻弹式、单指多张捻弹式、食指削点式、多指多张和扇面点钞等;手按式点钞主要有单指单张和多指多张两种方法。机器点钞就是使用点钞机整点点钞以代替手工整点。由于机器点钞操作简单易学,点钞速度快于手工点钞,可以极大的提高工作效率,因其局限性目前多用于钞票的复点。

点钞的分类如图1-1所示。

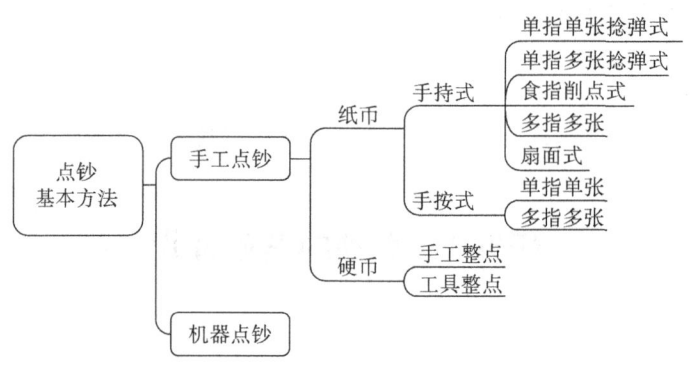

图1-1 点钞方法分类

知识驿站

人民币的发行历史

第一套人民币于1948年12月1日发行,1955年5月10日全面停止流通。第一套人民币的设计生产,是在中国人民解放战争转入战略进攻以后,经中共中央批准,以各解放区印钞厂为基础,人民解放军打到哪里,人民币就跟到哪里。这套人民币共设计生产了12种面值、62种版别。

第二套人民币是在第一套人民币的基础上于1955年3月1日开始发行的,共有11种面额、13种版别。第二套人民币是在中国人民解放战争在全国范围取得胜利,已经着手进行全国范围的经济恢复与建设，金融物价已趋稳定，财经状况好转，并争取两三年内根本好转的形势下，为适应国内外经济情况而发行的。

第三套人民币于1960年4月20日开始发行，2000年7月1日停止流通，共7种面额，分币仍采用第二套的样式。1980年4月15日发行1角、2角、5角、1元4种硬币。票面尺幅较第二套小，面额结构合理，纸、硬币品种丰富。这是我国自行设计、使用自己研制生产的印钞专用设备和固定水印钞票纸印制的，是我国印钞造币工业进入独立自主、自力更生新时期的重要标志。

第四套人民币的设计于1985年通过国务院常务会批准，1987年4月27日起陆续发行，共9种面额、12种版别。

为适应经济发展和市场货币流通的要求，1999年10月1日，在中华人民共和国建国50周年之际，根据中华人民共和国国务院第268号令，中国人民银行陆续发行第五套人民币。2005年8月31日，中国人民银行对第五套人民币（1999年版）的生产工艺、技术进行了提高和改进后，发行了2005年版第五套人民币，与1999年版人民币同时流通。2015年12日，为更好地保持人民币持有人的利益，不断提高钞票的防伪技术和印刷质量，保持人民币防伪技术的领先地位，中国人民银行发行了2015年版第五套人民币100元纸币。

活动2 纸币收付整点的基本程序

纸币收付整点时主要有四道工序：持钞拆把、点数、扎把、盖章。在不同的点钞方式下，这四道工序的顺序和方法会有所不同。

一、手工纸币收付整点的基本程序

手工现金整点程序如下：

（1）持钞拆把，将待点的钞券按不同点钞方法的要求拿在手中，然后脱去扎钞条或将扎钞条勾断，为点数做好准备。

（2）点数，即左手持钞，右手点钞，同时脑中计数。手、眼、脑三位一体，协调配合，将钞票清点准确。

（3）扎把，即将整点准确的100张钞票蹾齐，用专用扎钞条捆扎牢固。

（4）盖章，即在捆扎钞票的纸条上加盖点钞人员的名章，以明确责任。

二、机器纸币收付整点的基本程序

机器现金整点程序如下：

（1）持钞拆把。将待点的钞票拿在手中，然后脱去扎钞纸条或将纸条勾断，放进点钞机入钞口。

（2）机器点数。钞票经点钞机清点后落到接钞台。

（3）取票扎把，即将整点准确的100张钞票从接钞台上取下蹾齐，用专用扎钞条捆扎牢固。

（4）盖章，即在捆扎钞票的纸条上加盖点钞人员的名章，以明确责任。

 小贴士

为什么机器点钞不能取代手工点钞？

机器点钞在近年来凭借其便捷、快速的特点，已经普遍应用于各银行及企事业单位的收付款工作中。但是由于点钞机受场地电源限制、携带不方便、无法清点破损严重及小面值的钞票等原因，机器点钞不能完全取代手工点钞。手工点钞依然是一项比较重要的技术性很强的工作。

活动 3　手工点钞的基本要领

手工点钞是一门技术性很强的工作，工作人员在办理现金的收付与整点时，要做到"准"和"快"。"准"是指现金清点不错不乱，准确无误；"快"是指在"准"的前提下，加快点钞速度，提高工作效率。要做到这两点，点钞时必须掌握以下几项基本要求：

1. 坐姿要端正

点钞时坐姿要端正，正确的坐姿能使人动作协调，有利于提高点钞速度和质量；不正确的坐姿会使人动作生硬，从而影响点钞速度。正确的坐姿是上身挺胸坐直，两脚平踏地面，全身自然放松，双肘自然放在桌面上，双手各部位肌肉要放松，双手活动自如动作协调。

2. 用品要定位

点钞时应将钞券放在适当的位置，按不同券别和残次程度分类放好，方便于点钞时取放。点钞时使用的印泥、图章、蘸水盒、扎钞条等用品要按使用顺序固定位置放好，以便点钞时使用顺手，如图 1-2 所示。

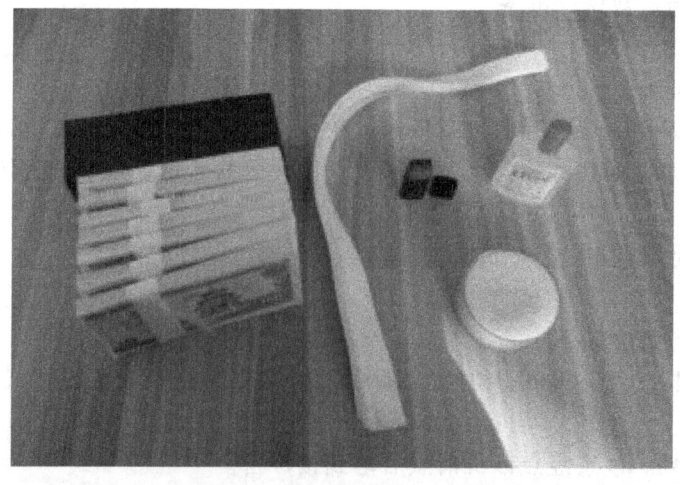

图 1-2

3. 扇面要均匀

点钞时不论采取哪一种点钞方法，都需要把钞券开成一个扇面或微扇形，使钞券有一个坡度，便于准确清点。

4. 手指触面要小

点钞时，点钞的手指与钞券的接触面要小，这样有利于手指动作频率加快，为提高点钞速度打下基础。

5. 点数要协调

点钞时，点和数要速度一致、相互配合，才能保证点数准确的效果。点的快数的慢，或者点的慢数的快，都会造成点钞结果不准确。

6. 清理要整齐

点完一把钞券后，应将钞券清理整齐，即将券角拉平，将钞券蹾齐，然后进行捆扎。钞券蹾齐应四条边水平无露头，不能呈梯形错开。

7. 扎把要牢固

清点准确的钞券要捆扎牢固。扎小把时，将第一张钞券轻轻向上方提起，以抽不出票为标准。扎大捆（10把）时，以"井"字型捆扎，以用力推不变形，抽不出票为标准。

8. 盖章要清晰

清点完毕，点钞人员必须在捆扎好的钞券扎钞条上盖章以明确责任，因此，图章一定要清晰可见，不能模糊不清。

9. 动作要连贯

点钞时动作连贯是提高点钞效率和质量的必要条件。动作连贯有两层意思：一是指点钞过程中的拆把、点数、扎把、盖章等每个环节须衔接紧密，动作协调，环环紧扣。二是指清点时动作要连贯，双手动作协调，清点速度均匀，切忌忽快忽慢。

 小贴士

练功券的保管

学校或工作单位通常会购置数量较多的练功券进行点钞训练。用练功券进行训练时要厉行节约，白天训练时要轻拿轻放，点钞时采用适当的力度，以防练功券折损；晚上将练功券平压于重物下，促使练功券恢复原有状态，以延长练功券循环利用的时间；对于平时闲置不用的练功券，要存放于阴凉干燥处，并定期进行晾晒，防止练功券霉烂，造成浪费。

实训　坐姿和用品定位训练

实训目的：

（1）能用标准坐姿进行点钞。

（2）能迅速将待点的练功券、蘸水盒、扎钞条、印泥、图章摆放在固定的位置上。

实训要求：

1. 坐姿要求

（1）上身挺胸坐直，两脚平踏地面，全身自然放松。

（2）双肘自然放在桌面上，双手各部位肌肉要放松，双手活动自如。

2. 用品定位要求

点钞所需用品都放置在桌面上，具体要求如下：

（1）未点的练功券放在身体左前方约15cm的位置（左手点钞的学生可将练功券放在右前侧）。

（2）扎钞条、水盒放在身体正前方约15cm的位置。

（3）已清点过的练功券通常放在扎钞条和水盒的右侧，距身体约20cm的位置。

（4）印泥和图章放在已清点过的练功券右侧。

点钞用品的摆放位置可根据个人习惯进行调整，但是每个人养成固定的摆放习惯位置后，不要再随意改变。

实训时间： 20分钟

实训形式：

每小组抽出一名检查人员，组成检查小组，对每位同学的坐姿和用品摆放进行打分评价。

实训过程：

1. 坐姿训练

（1）每位学生按标准坐姿要求做好，由老师进行检查，有问题进行改进。

（2）分小组进行坐姿练习，由学生互相检查坐姿是否标准。

2. 用品摆放训练

将点钞所需用品摆放在桌面上，让学生按要求快速摆放。

任务2　手工点钞的基本方法

任务描述

教师通过对手持式单指单张捻弹式点钞法、扎把、手持式四指四张点钞法及点钞连贯性的教授和训练，使学生学会并掌握最基本的两种点钞方法，并通过对扎把和点钞连贯性的训练，迅速提高学生点钞的速度。

活动1　手持单指单张捻弹式点钞法

手持式单指单张捻弹点钞法是指点钞时大拇指一次捻动一张钞券后，再用无名指将其弹下的点钞方法。这是最基本、最常用的点钞方法。它的适用范围比较广，可用于收付款的初点、复点以及各种新、旧、大、小面额钞券的整点。采用这种方法，由于是逐张捻动，易于识别真假票币，便于挑剔残损钞券，最适合各种行业的会计工作人员在收款时使用。点钞时的基本操作步骤为：

1. 起把

左手横执钞券，将钞券横立于桌面上，钞券正面朝向身体。将钞券左端夹在左手中指、无名指之间，且尽量靠近手指根部；左手拇指扶在钞券上部内侧边沿处，食指伸开，其他手指自然弯曲，左手腕向内弯扣，如图1-3所示。

2. 拆把

若需清点的钞券已捆扎，需将扎钞条拆掉。起把持钞后，将食指向前伸，向后用力将扎钞纸条勾断（见图1-4）。或者将食指伸直，拇指向上移动按住钞券侧面，与中指同时用力将钞券压成瓦形，右手上前脱去扎钞纸条。

图1-3　　　　　　　　　　　　　　　图1-4

3. 持钞

拆把后，左手中指和无名指夹紧钞券左端，拇指按住钞券内侧将钞券向外翻推，推出一个微开的扇面形状，食指伸直托住钞券背面，使钞券自然直立与桌面基本垂直（见图1-5）。同时，右手拇指、食指、中指沾水做点钞准备，注意沾水要不宜太多，以免弄污钞券，造成粘连。

视频1　单指单张起把持钞1　　　　　视频2　单指单张起把持钞2

4. 清点

左手持钞推开扇面后，右手食指、中指翘起，托住钞券右上角，拇指指尖将钞券自右上角向下方逐张捻动（见图1-6）；捻动时幅度要小、动作要轻，无名指同时配合拇指将捻动的钞券向右手手心方向弹拨，拇指捻动一张，无名指弹拨一张。左手拇指随着点钞的进度逐步向后移动，食指向前推移钞券，以便加快钞券下落的速度。

图 1-5

图 1-6

视频 3　单指单张清点 1

视频 4　单指单张清点 2

> **小贴士**
>
> 　　点钞时，右手大拇指捻的幅度要小，不要抬得过高，以免影响速度。无名指要注意轻点快弹。清点过程中发现残损钞券不宜接着抽出，以免带出其他钞券，最好的办法是随手向外折叠，使钞券伸出外面一截，待点完整把钞券后，再抽出残票补上好票。若发现可疑券还应进行真伪鉴别。

5. 记数

　　记数要与清点同时进行。记数有两种基本方法：一种是习惯记数法，即从 1 数至 100，另一种是分组记数法。在清点速度快的情况下，习惯记数法会影响点钞的效率，因此记数最好采用分组记数法。

> **小贴士**
>
> 分组记数法的两种计数方法
>
> 第一种分组计数方法：
>
> 1, 2, 3, 4, 5, 6, 7, 8, 9, 1 （10），
>
> 1, 2, 3, 4, 5, 6, 7, 8, 9, 2 （20），
>
> 1, 2, 3, 4, 5, 6, 7, 8, 9, 3 （30），
>
> 1, 2, 3, 4, 5, 6, 7, 8, 9, 4 （40），
>
> ……
>
> 1, 2, 3, 4, 5, 6, 7, 8, 9, 10 （100），整 100 张为一把。
>
> 这种方法是将 100 个数字分成 10 组，每组都由 10 个一位数组成，每组的第十位

数字既表示这一组的第十张,又表示这个组的组序号码。

第二种分组计数方法:

1,2,3,4,5,6,7,8,9,10,
2,2,3,4,5,6,7,8,9,10,
3,2,3,4,5,6,7,8,9,10,
4,2,3,4,5,6,7,8,9,10,
……
10,2,3,4,5,6,7,8,9,10,整100张为一把。

这种计数方法的原则与第一种基本相同,不同的是把每组的组序号码放在了每组数字的前面。

这两种计数方法采用分组既简单快捷,又省力好记,有利于准确计数。但在记数时要用心默记,不要念出声音来,手、眼、脑密切配合,这样才能既快又准。

6. 扎把

先将整点准确的100张钞券在桌面上蹾齐,使其四条边整齐光滑,然后左手持钞,右手取扎钞条将钞券捆扎牢固。扎把方法可依据自己的习惯,采用拧扎法或缠绕捆扎法(具体捆扎方法见活动2)。

7. 盖章

钞券扎把后,在钞券侧面的纸条上盖上点钞人员的名章,表示对此把钞券的质量和数量负责。盖章时用力要均匀,让印章清晰可见,不能模糊不清(图1-7)。

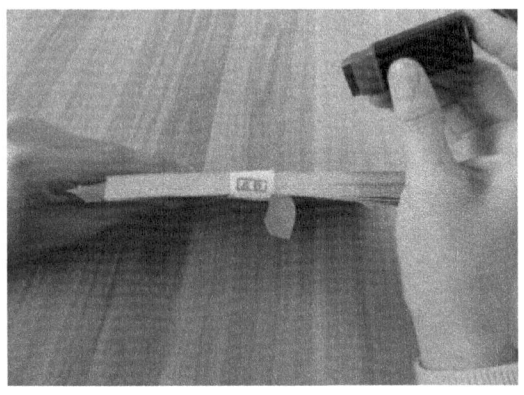

图 1-7

(注:在实际工作中用的印章上刻的是点钞员的名字。)

【课堂练习1-1】按手持单指单张捻弹式点钞法的基本指法和操作步骤进行点钞练习,熟练掌握起把、拆把、持钞、清点、计数、扎把和盖章的全过程。

活动 2 钞券捆扎

钞券捆扎是点钞过程中的一个重要环节。无论是手工点钞还是机器点钞,钞券的捆扎速度对提高点钞的整体速度起着至关重要的作用。

一、钞券捆扎的三种情况

钞券捆扎按所需捆扎钞券数量的不同分为以下三种情况：

（1）捆扎钞券以100张为一把，经清点无误后用纸条在钞券中间捆扎牢固。

（2）不足百张的则用纸条在钞券的三分之一处进行捆扎，并将钞券的张数、金额写在扎钞纸条的正面。

（3）每10把钞券必须用专用细绳以"井"字型捆扎为一捆，在顶端贴上封签，并加盖经手人名章。这种捆扎方式主要是银行使用。

二、扎把的方法

在现金收付中，最常用的捆扎方式是将整点好的钞券捆扎为一把，也称为扎把。

扎把最常用的方法有两种：

1. 拧扎法

（1）将整点准确的一把（100张）钞券蹾齐后，左手横持钞券，正面朝向点钞员，拇指在前，食指伸直压在钞券上侧，中指、无名指和小指在后，五指配合捏住钞券左端。

（2）以右手大拇指和食指取扎钞条，将扎钞条三分之一处搭在钞券上脊中间，左手食指将纸条压住。

图1-8

（3）右手拇指与食指捏住纸条较长的一端，从钞券的正面向下向外缠绕，在纸条两端并拢处捏紧。

（4）左手拇指从钞券前面快速移到与食指对侧面中间，将钞券捏紧并竖起，手指稍用力将钞券捏成瓦形；然后左手向里转动钞券，右手捏住纸条末端向外拧纸条打半个劲结（图1-8）；

（5）右手食指按压花结外侧，顺势将纸条下端掖进凹面瓦形一侧纸条的下边，最后将钞券压平即可。

2. 缠绕捆扎法

缠绕捆扎法分为向上缠绕和向下缠绕两种方法。

（1）向上缠绕捆扎法。

①左手横执蹾齐的钞券，正面朝点钞员，左手拇指在内，其余四指在外握住钞券左端，五指配合将钞券握成一个弧形。

②左手握紧钞券，右手拇指、食指和中指捏住扎钞条一端，将扎钞条一端从钞券下侧贴在钞券背面，用左手食指、中指将纸条压住（见图1-9）。

③右手拇指、食指和中指捏住纸条，由下向上向里侧缠绕两圈至钞券下端（见图1-10）。

模块一 点钞技能与实训 11

图 1-9

图 1-10

④右手腕向右侧翻转，将扎钞条折成45°角，用右手大拇指掖入扎钞条圈内（见图1-11），并用左手大拇指配合将扎钞条拉紧（见图1-12），右手大拇指将下端折角压平，以防纸条松脱。

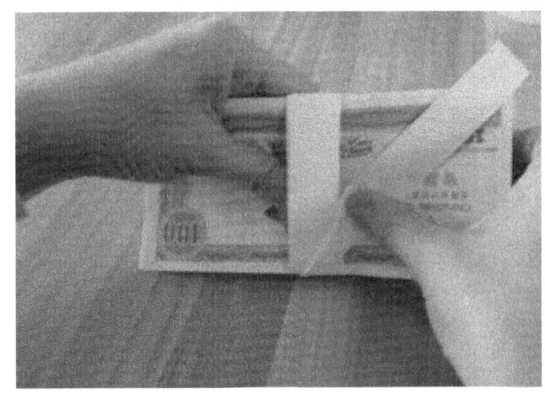

图 1-11

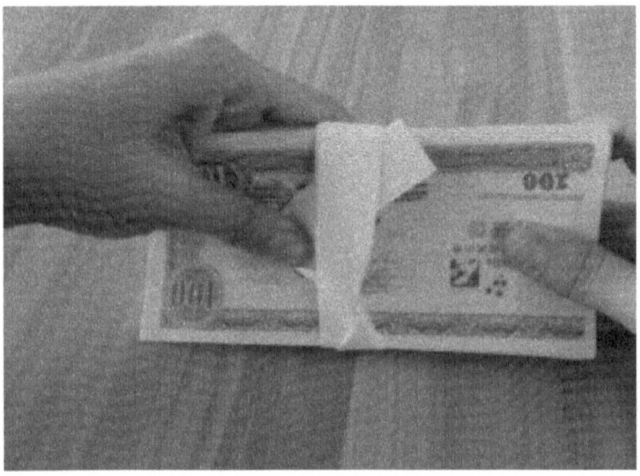

图 1-12

（2）向下缠绕捆扎法。

①左手横执蹾齐的钞券，正面朝点钞员，左手拇指在内，其余四指在外握住钞券左端，五指配合将钞券握成一个弧形。

②左手食指将钞券上侧分开一条缝，右手拇指、食指、和中指捏住扎钞条一端，将其插入钞券上侧缝中（见图1-13），或不将钞券开缝，直接将纸条一端贴在钞券背面，用左手食指、中指将纸条压住。

③右手拇指、食指和中指捏住纸条，由上往下向里侧缠绕两圈半至钞券上端（见图1-14）。

 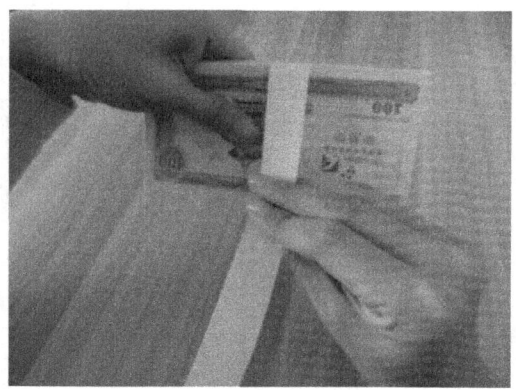

图 1－13　　　　　　　　　　　　图 1－14

> 💡 **小贴士**
>
> 缠绕时一定要注意保护手指，平均用力，以防被扎钞条划伤。

④将扎钞条折成45°角，用右手食指将扎钞条插入扎钞条圈内（见图1－15），并用右手大拇指将折角压平，以防止纸条松脱。

图 1－15

视频5　扎把1　　　　　　　　　　视频6　扎把2

> 💡 **小贴士**
>
> 用缠绕捆扎法进行捆扎时，要注意右手沿钞券进行缠绕的半径要小一些，左手要迎合右手的缠绕动作上下互动，从而最大程度地提高捆扎的速度。

【课堂练习1-2】分别用拧扎法和缠绕捆扎法进行钞券的捆扎练习,熟练掌握其中一种扎把方法。

活动3 手持式四指四张点钞法

手持式四指四张点钞法又叫四指拨动点钞法,即用右手小指、无名指、中指、食指四指依次各点一张,一次点四张,轮回清点。其优点是速度快,点数准,轻松省力,是钞券复点中常用的一种方法。点钞时的基本操作步骤如下。

1. 起把

左手中指与其他手指分开,中指在下,食指和无名指、小拇指在上,四指配合夹住钞券(见图1-16),用大拇指按住钞券右端,将钞券弯成"⊃"形;大拇指按在钞券右端向内按压,使右端展开成扇面形状;同时左手向外翻转,将钞券翻起并持钞于胸前(见图1-17)。

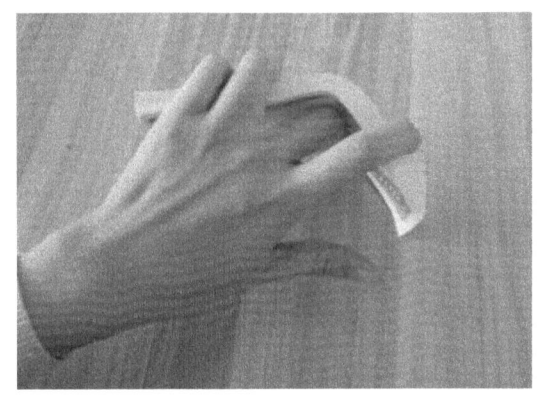
图1-16

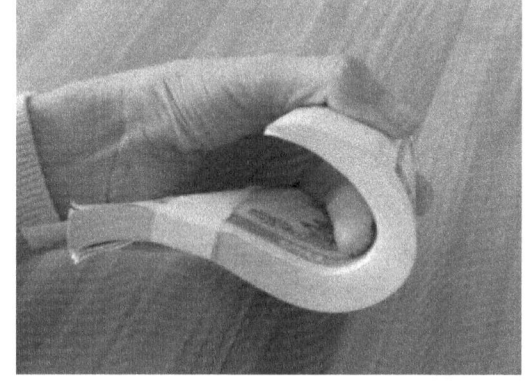
图1-17

视频7 手持式四指四张起把1

视频8 手持式四指四张起把2

视频9 手持式四指四张起把3

2. 清点

右手大拇指托住钞券右端弧形的底部,其余四指并拢弯曲,指尖成斜直线(见图1-18)。清点时由小拇指开始从钞券上角点第一张,无名指、中指、食指依次清点第二、第三、第四张(见图1-19),每四张为一组,四指连续动作循环操作。同时左手拇指、中指随着右手清点动作逐渐向上移动,以保证清点时下钞通畅。

图 1-18　　　　　　　　　　　图 1-19

视频 10　手持式四指四张清点 1　　　视频 11　手持式四指四张清点 2

> 💗 **小贴士**
>
> 清点时注意右手清点用的四个手指用力要均匀，循环清点下来的钞券间隔的距离要一致，训练时不要急于提高速度，要在扎实地掌握点钞手型和方法、准确率基本稳定的情况下，逐渐提高清点速度。

3. 记数

采用分组记数法，每点四张为一组，每一组记一个数，数至 25 组即为 100 张。

4. 拆把

若清点的钞券已捆扎，需将扎钞条拆掉。清点完毕，左手拇指在内，其余四指在外握住钞券左端，大拇指向后用力将扎钞扎钞条勾断（见图 1-20）。或用左手持钞，右手上前脱去扎钞条（见图 1-21）。

 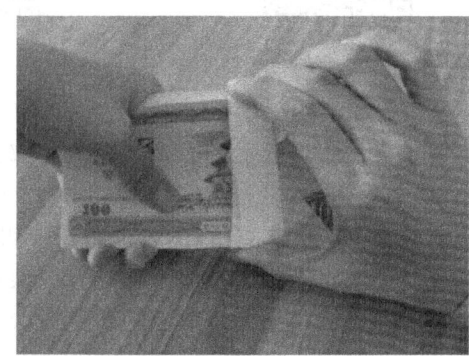

图 1-20　　　　　　　　　　　图 1-21

5. 扎把盖章

同手持式单指单张捻弹点钞法。

【课堂练习1-3】 按手持式四指四张点钞法的基本指法和操作步骤进行点钞练习，熟练掌握起把、清点、计数、拆把、扎把和盖章的全过程。

实训 手工点钞技能的连贯性训练

实训目标：

训练学生点钞过程中各步骤间的衔接，使其自然流畅迅速；熟悉银行柜员和出纳员在办理现金收付和整点时的业务流程。

实训要求：

(1) 严格遵守现金收付整点业务的操作流程；

(2) 坐姿端正、指法规范；

(3) 起把时要快，左手迅速将待点钞票翻到胸前；

(4) 拆把时一次拆开，动作要干净利索；

(5) 清点过程中点和计数要配合好，清点准确每一把钞券；

(6) 捆扎前要将钞券墩齐；

(7) 扎把时要一次把扎钞条拿起，并左右手配合迅速地进行捆扎；

(8) 盖章的动作要快，印章要清晰。

实训时间： 90分钟

实训形式：

(1) 整把清点，限时不限量。

(2) 整把整点，定量计时。

(3) 设错训练。

(4) 结合岗位实训。

实训任务：

1. 分项练习（时间20分钟，全班集中训练）

要求：将起把、拆把、持钞、清点、计数、扎把和盖章等环节分解开来进行单独训练，直至将每一个动作熟练掌握。

2. 综合练习（时间30分钟，全班集中训练）

要求：采用手持单指单张捻弹式点钞法，将各操作步骤连续起来进行整个过程的清点。

(1) 整把清点，限时不限量：在5分钟内循环进行拆把、点数、扎把、盖章等连续的操作步骤，并记录成绩。

(2) 整把整点，定量计时：定量10把（10000张）钞券，点完为止，并记录所用的时间。

3. 设错训练（时间20分钟，分小组训练）

小组内成员交换在钞券中设错，并采用限时不限量（通常限时5分钟）的训练形式进行设错后钞券的清点，清点完后交换检查并记录成绩。

4. 结合岗位实训（时间20分钟，分小组训练）

过程与要求：以小组为单位，每个小组由顾客与柜员组成，模拟银行现金收存、付款业务流程，每个学生要实训顾客与柜员两个角色，注意在拆捆、拆条、拆卷时保存原封签、封条、封纸，核对无误后才可扔掉。

实训建议：

（1）现金收存业务：先收款后记账、先卡大数、再点零数、边卡边点边总。

（2）现金付款业务：先记账后付款、先配大数后配零数、边配边总、复点平衡后外付。

【点钞达人】

范静波

58秒，清点完400张钞票。这一近似于点钞机的手工点钞速度，出自绍兴一位银行女职员之手。她令人叹为观止的业务技能，受到德国国家电视台的青睐，该台邀请她赴慕尼黑参加类似于挑战极限的一场"达人秀"节目。排除特异功能，单靠勤学苦练恐怕是很难达到这一境界的，是什么让她练就了如此"盖世神功"？

罗马不是一天建成的，功夫也不是一天就能达到巅峰的。18岁时，范静波从县里的一所中专毕业，进入了农行绍兴县支行华舍分理处。对于一个普通家庭来说，银行职员是一份理想的工作。但刚刚参加工作的范静波面对的现实却是残酷的。华舍分理处临近万商云集的柯桥，每天忙碌不堪，常常是成捆成捆的现金堆在柜台上等待清点，而拉闸限电导致的停电，常常使"跑"得发烫的点钞机得以"喘气"，取而代之的是临柜人员累得喘不上气：手工清点所有现金，必须要准确、快速，还得分拣出破残币，更要留心假钞。

那段时间，范静波每天上班时特别担心停电。有道是怕什么来什么，参加工作没几天的范静波，还是在停电时遇到一位持几十万元现钞前来办理业务的客户。当时，范静波是在老同事的帮助下渡过难关的。也就是从此开始，她便"券"不离手地开始练习点钞，当时也没其他念想，只是希望自己能独立完成每一笔业务，即使是在停电的时候。没想到，这么一练习，让她在此后的业务技能比赛中拔得头筹。习惯了拿第一的她，在2000年一次市分行举行的业务比赛中败北，只拿到了第七。支行行长便带着范静波和行里的其他几位业务能手，赴温州学习最为先进的点钞方法，那就是刀削式点钞法。

绍兴"点钞达人"德国技惊四座

练就绝活

一段时间练习后,范静波发现自己的中指比食指更灵活有力,便大胆进行尝试,将师傅教她的右手食指点钞改为中指点钞,这一突破使得范静波的速度和准确度又有精进。"无论什么事,一定要灵活变通,找到适合自己的才是最好的。"这是范静波总结出来的工作经验,也是生活经验。在次年的又一次比赛中,范静波以刀削式点钞法获市分行点钞比武第一名,还与第二名拉开了悬殊的差距。2012年年底,在参加中央电视台《想挑战吗》节目时,登台前她还十分紧张,但一到了点钞环节,她便又找到了淡定从容的自己,无论是计时器跑秒的滴答声,还是主持人渲染台上的紧张气氛,似乎全然与己无关。那次,她以58秒点钞400张的速度,成为世界上数钱最快的人。

任务3 手工点钞的其他方法

任务描述

点钞方法目前已经发展到二十多种,除了前面学过的手持式单指单张捻弹式点钞法和手持式四指四张点钞法之外,目前经常用到的点钞方法还有手持式食指削式点钞法、扇面点钞法、手按式点钞法以及手持式单指多张捻弹点钞法等。这些方法都是在基本点钞方法的基础上演变而来,学生熟悉和掌握这些要求和规范后,会极大地提高点钞的效率。

活动1 手持式食指削式点钞法

手持式食指削式点钞法是用食指一次清点一张钞券的点钞方法,动作与削铅笔近似,因此称之为削式点钞法,是近年发展起来的一种新式的单指单张点钞技法。因为食指的灵活性优于大拇指,所以这种方法极大地提高了单指单张点钞的速度,但因在点钞的同时不便于辨别钞券的真伪,这种方法目前更多地是应用于各种点钞比赛中。

手持式食指削式点钞时的基本操作步骤如下。

1. 起把

左手中指与其他手指分开,中指在下,食指和无名指、小拇指在上,四指配合夹住钞券,用大拇指按住钞券右端,将钞券弯成"⊐"形;大拇指按在钞券右端向内按压,使右端展开成扇面形状;同时左手向外翻转,将钞券翻起并持钞于胸前(方法同手持式四指四张点钞法)。

2. 清点

右手大拇指托住钞券右端弧形的底部,食指伸直,将食指指肚前部放在钞券上角,将钞券向下削下,削点时幅度要小,动作要快(见图1-22)。左手拇指随着点钞的进度逐步向后移动,以便加快钞券下落的速度。

图1-22

视频12 手持式食指削式点钞法1　　　　视频13 手持式食指削式点钞法2

3. 记数

同手持式单指单张捻弹点钞法。

4. 拆把

若清点的钞券已捆扎,需将捆扎条拆掉。清点完毕,左手拇指在内,其余四指在外握住钞券左端,大拇指向后用力将扎钞捆扎条勾断。或用左手持钞,右手上前脱去捆扎条(方法同手持式四指四张点钞法)。

5. 扎把盖章

同手持式单指单张捻弹点钞法。

活动 2　扇面点钞法

扇面式点钞法是指将钞券打开成扇形,然后再分组进行清点的方法。这种方法速度快,最适合用于清点新券及复点工作,是手工点钞中效率最高的一种点钞方法。但这种方法不适合清点新、旧及残损票混合的钞券。而且因清点时只能看到钞券边沿,而看不到票面,不便于挑剔残损券和识别假钞。扇面点钞分为扇面一指点钞和扇面多指点钞两种方法。

一、扇面一指点钞法

扇面一指点钞法的基本操作步骤如下。

1. 拆把

左手持钞,将钞券竖起,钞券正面朝向身体。左手拇指与食指、中指捏住钞券左下方约四分之一处,拇指在前,其余四指在后。右手拇指将捆扎纸条拆断(见图1-23)。

2. 持钞

将右手大拇指放在左手大拇指的上方,其余四指横放在钞券背面附在左手四指上(见图1-24)。钞券下端与左掌心保持一定距离,使钞券可以自动晃动。

图 1-23　　　　　　　　　　　　图 1-24

3. 开扇

开扇是扇面式点钞的一个重要环节，扇面要开的均匀，为点数打好基础、做好准备。开扇方法有两种：一次性开扇和推动式开扇。

一次性开扇：一次性开扇要求左右手动作的配合一定要协调。开扇时以持票的左手为轴，握住轴心，右手虎口卡住钞券右侧，拇指在前，其他四指在钞券后面，再用手腕把钞券压弯，从右侧向左侧稍用力往胸前方向转过向外甩动，这时左手拇指与食指原地不动从右向左捻动，左手捻右手甩，同时进行。在甩动时，轴心要放松，使扇面一次甩开，开扇要均匀，不重叠（见图1-25）。

推动式开扇：以左手拇指为轴心，右手四指配合将钞券向左下方压弯，右手腕带动手指由左向右甩动钞券；同时左手拇指与食指配合右手逆时针捻动钞券，右手拇指协助向左推捻钞券，其余四指在钞券背面随着左右晃动将钞券均匀错开，直至打开如扇面形状，以每两张钞券之间间隔能清晰辨认为标准。开扇后钞券上部呈大扇面形状，下端呈相反方向的小扇形，开出的效果就如同一把打开的纸扇（见图1-26）。

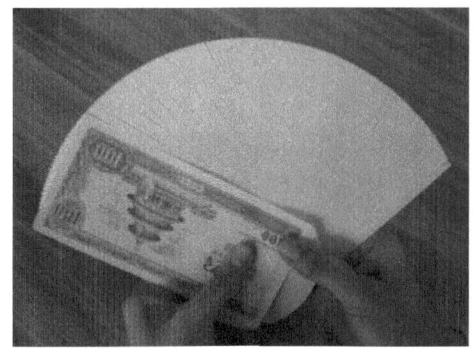

图1-25

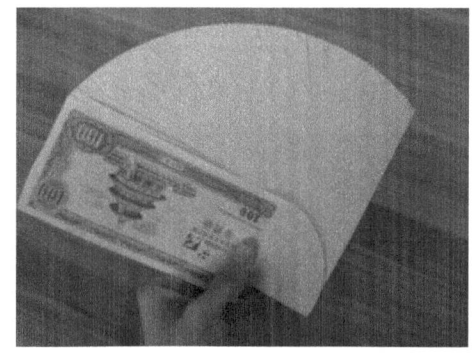

图1-26

4. 清点

左手持钞，右手大拇指在前，食指在后，捏住钞券右上角，从右向左分组进行清点，每一组清点张数可以是5张或10张，也可以是其他张数，以便于记数为原则。清点时眼睛从扇面右上角开始向左看，确认一组张数后，右手拇指快速向下按压（见图1-27），同时迅速用食指跟上将这组钞券隔开（图1-28），接着拇指再点第二组，如此循环操作。

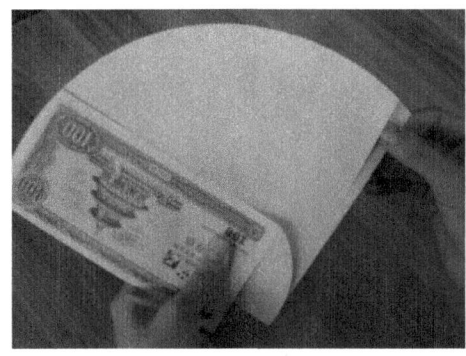

图1-27

图1-28

5. 记数

采用分组记数法。例如一指五张清点时，每按下 5 张钞券为一组，记一个数，记满 20 组为 100 张。

6. 合把

钞券清点完毕，右手拇指放在钞券右侧正面中间，其余四指托在钞券背面，双手同时快速向中间推钞合把。然后两手轻拢，将钞券蹾齐，以备扎把。

7. 扎把盖章（同前）

二、扇面式多指多张点钞法

扇面式多指多张点钞法的基本操作步骤也分为七个环节，除清点方法不同外，其余环节均与扇面式一指多张点钞法相同。

清点时，左手握住钞券扇面的下端，右手拇指和食指交替分组清点。眼睛从扇面右上角开始向左看，第一组看准张数后，拇指迅速向下按压（见图 1-29），看清第二组张数后，食指向下按压（见图 1-30），然后是第三组、第四组，大拇指与食指再依次按压。如此循环操作，直至清点完毕。

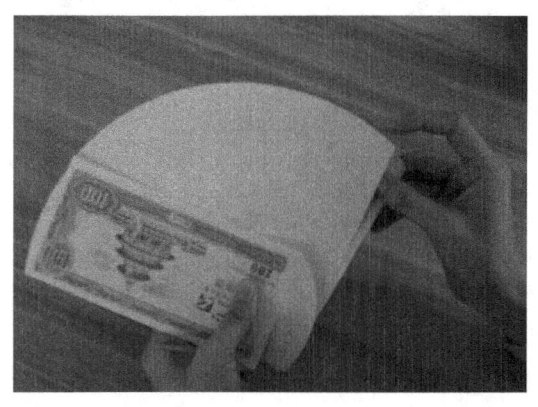

图 1-29

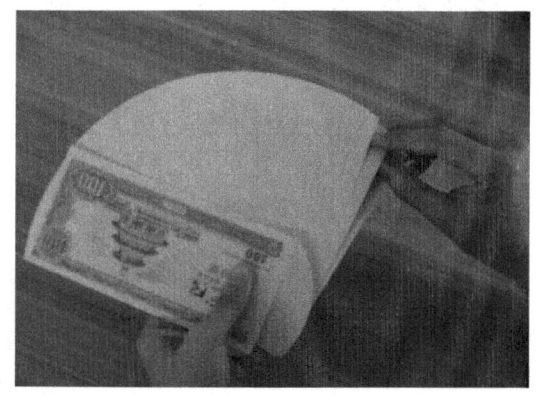

图 1-30

当然也有清点时用右手拇指、食指、中指、无名指和小指一次各按下五张、十张或二十张；按下后用其他手指压住，拇指继续向前按第二次，以此类推。

活动 3　手按式点钞法

手按式点钞法是将钞券平放在桌面上进行清点的点钞方法。一般可分为单张点钞和多张点钞两种方法。这种方法可以发挥桌面的辅助作用，避免钞券在清点过程中散落。

一、手按式单指单张点钞法

手按式单指单张点钞法，适用于收、付款工作的初点和复点，尤其适用于不足 100 张零票的整点。清点时，票面可以看到的幅度较大，便于挑剔残损钞券和识别假票。基本操作步骤如下。

1. 按钞

将钞券平放在胸前的桌面上，以左手手掌外侧按住钞券左端约三分之一处，左手食指、中指和大拇指抓住钞券右端向上提起，小指、无名指自然弯曲（见图1-31）；右手大拇指放在钞券右端里侧的角上，食指和中指放在右端外侧，其他手指自然弯曲，为点数作准备（见图1-32）。

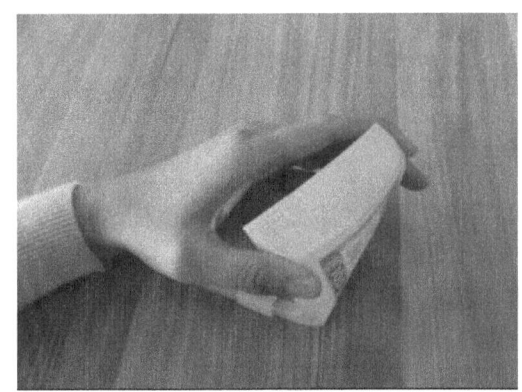

图1-31

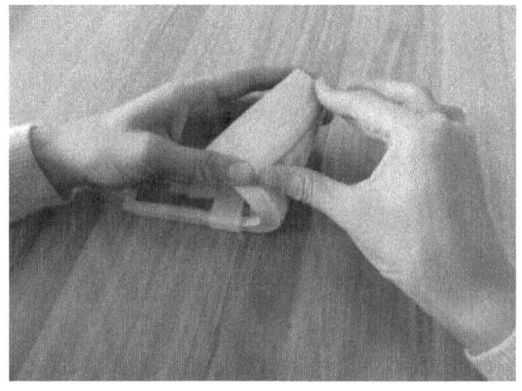

图1-32

2. 清点

右手大拇指向掌心方向用力，将钞券逐张滑下，滑动时幅度要小，动作要轻，用力要均衡，左手拇指随着点钞的进度逐步向后移动，以便加快钞券下落的速度（见图1-33）。

视频14　手按式单指单张点钞法按钞

图1-33

视频15　手按式单指单张点钞法清点1

3. 记数

记数与清点同时进行，具体方法同手持式单指单张点钞法。

4. 扎把盖章（同前）

视频16　手按式单指单张点钞法清点2

二、手按式多指多张点钞法

手按式多指多张的基本步骤也是包括按钞、清点、记数及扎把盖章等环节。

1. 清点

手按式多指多张的清点环节，按每次清点的张数不同又分为双指双张、三指三张和四指四张点钞法。其基本操作要领如下。

将钞券斜放在桌面上，左手的小指、无名指压在钞券的左上方约占票面的四分之一处。

双指双张清点时，用右手食指在钞券的右上角捻起第一张，随即用中指捻起第二张，捻起的这两张钞由左手拇指往上推送到左手食指、中指间夹住，依次循环操作。

三指三张清点时，用右手食指在钞券的右上角捻起第一张，随即用中指捻起第二张，无名指捻起第三张，捻起的这三张钞由左手拇指往上推送到左手食指、中指间夹住，依次循环操作（见图1-34）。

四指四张清点时，用右手食指在钞券的右上角捻起第一张，随即用中指捻起第二张，无名指捻起第三张，小指捻起第四张，捻起的这四张钞由左手拇指往上推送到左手食指、中指间夹住，依次循环操作（见图1-35）。

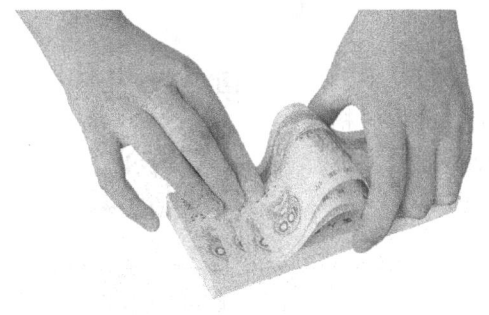 

图1-34 三指清点　　　　　　　　图1-35 四指清点

2. 记数

采用分组记数法。双指双张每两张为一组计一个数，数到50就是100张。三指三张每三张为一组计一个数，数到33零1张为100张。四指四张每四张为一组计一个数，数到25就是100张。

活动4　手持式单指多张捻弹式

一指同时点两张或两张以上的方法叫作一指多张点钞法。这种点钞方法是在单指单张点钞法的基础上发展而来的。它适用于收、付款和各种券别的整点工作。点钞时记数简单省力，效率高；其缺点是在一指捻动几张钞券时，由于不能看到中间几张的全部票面，所以假钞和残损票不容易被发现。

手持式单指多张捻弹式点钞法的基本操作也分为起把、拆把、持钞、清点、记数、扎把和盖章七个环节，除清点与记数外，其他五个环节都与单指单张捻弹式相同。

1. 清点的具体操作要领

清点时，右手食指拖着钞券背面右上角，大拇指指肚放在钞券正面右上角，拇指尖超出票面，拇指肚先捻第一张，拇指尖紧跟着捻第二张（点一指三张时，拇指肚先捻第一、二张，拇指尖捻第三张，点一指四张时同理）（见图 1－36）。拇指肚要均衡用力，捻动的幅度不要太大，食指、中指配合拇指捻钞，无名指向下弹钞，弹拨速度要快。左手拇指随着点钞的进度逐步向后移动，食指向前推移钞券，以便加快钞券下落的速度。

图 1－36

2. 记数

可采用分组记数法。点一指两张时，两张为一组记一个数，50 组就是 100 张。点一指三张时，三张为一组记一个数，33 组零一张就是 100 张。点一指四张时，四张为一组记一个数，25 组即 100 张。

【点钞达人】

名符其实的"点钞达人"

银行点钞员是生活中我们常见到的职业。一大摞人民币在他们的手上，一眨眼的工夫就点完了。可能有人说，这有什么惊讶的！换成我，天天与钱打交道，也能练出这样的速度。可是，有位点钞达人，她的点钞速度已经超过点钞机，远超"点钞"吉尼斯世界纪录，更叫绝的是，她蒙上眼睛只需几秒钟就能在百张百元大钞里分辨出假钞，这样的绝活可不是一般人能达到的。

这位"点钞达人"就是中国人民银行南京分行点钞员陶萍。看过她的点钞表演，足以被"震撼"：她的五个指头都能点钞，让人眼花缭乱，犹如弹古筝，又似弹竖琴，更像"琵琶弹奏"，只见指尖飞动如行云流水，"快、准、美、巧"，令人啧啧称奇。原本枯燥的点钞工作让她"玩"出了艺术的韵味和腔调。

二十多年前，陶萍进入银行系统成为一名点钞员。不到几个月，聪明的她就掌握了点钞的技巧，成为令人刮目相看的佼佼者。但同时，点钞工作的那份新鲜感也悄然褪去，在她眼中，只有枯燥与辛苦了。那时，点钞员一天最少也得查 300 多捆钱，一捆是 1000 张，干一天活下来手都麻木了，真是"数钱数到手抽筋"。那时也没空调，夏天再热也不能开电扇，否则容易把钱吹跑，工作条件很辛苦。

可是一个偶然的机会，促使她改变了对点钞工作的看法。一次，电视上播放点钞技能大赛，参赛选手的高超娴熟技艺让她相当震撼，第一次感受到了点钞技艺的美与帅。也就从那时起，她给自己定下了一个目标：像电视上那些点钞员们一样，站在点钞技能大赛的舞台上。

心中有了目标，便不觉得手上的工作枯燥。陶萍是个执着的人，为了练习点钞，她把练功券带到了家里。由于经常揉捏，练功券已不堪重负，提前"下岗"。为了帮助她练习，母亲把硬度好不易坏的牛皮纸剪成人民币纸张的大小给她练习技能，没多久，"牛皮纸钱"也被她练得皱皱巴巴。在练习单指点钞中，由于手指姿势的稳定对点钞的速度有很大的影响，为了提高速度，每次练习时陶萍都用牛皮筋把手捆起来以保持手的平衡性。练习完松开皮筋是红红的勒印后和长时间的痉挛。由于大量的练习，手和纸张不停地摩擦，指肚先是变红，接着开始出血，然后纤细的手指上出现了和其年龄不相配的老茧。

要想学到点钞绝技，练"心"也很重要。只有心中无比地沉静，手上的速度才能突破自身极限。为此，陶萍闲时就通过看书、听音乐等磨练自己的急性子。经过不懈努力，陶萍终于掌握了点钞绝技，在银行圈闯出了名声，成为名符其实的"点钞达人"。

站在"达人秀"的舞台上，她充满自信潇洒的表演赢得了掌声与鲜花，可也只有她自己知道这么多年的辛苦付出。谈及成功与梦想时，她深情地说："执着是我成功的奥秘，最大的梦想是到人民大会堂去点钞。"

引用周立波对她的评语"别人看到的是你点钞的帅，我看到的却是你的努力，"很好地诠释了"台上三分钟，台下十年功"这句话。

任务4 机器点钞与硬币清点

任务描述

教师通过教授点钞机的使用及硬币的清点方法，使学生学会并掌握机器点钞的步骤，熟悉硬币清点的方法。

活动1 认识点钞机，熟悉点钞准备工作

机器点钞，就是用点钞机整点钞券以代替部分手工整点的点钞方式。点钞机是一种自动清点钞券数目的机电一体化装置，通常带有荧光检测、磁性检测、红外穿透检测和激光检测等防伪功能，能帮助工作人员轻松地辨别钞票真伪。

点钞机的速度较快，每小时可点钞券5万张左右，能够有效减轻工作人员的劳动量，提高工作效率。对于现金流通规模庞大的单位，点钞机已成为点钞人员点钞的得力助手和不可缺少的设备。但是因为点钞机存在一定的局限性，所以机器点钞依然不能替代手工点钞，目前多用于钞票的复点。

一、认识点钞机

点钞机是由捻钞、出钞、接钞、机架、电机、变压器、电子电路等多部分组成。点钞功能由捻钞、出钞、计数和接钞四方面构成（见图1-37）。

1. 捻钞部分

主要由滑钞板、送钞舌、阻力橡皮、落钞板、调节螺丝、捻钞胶圈等组成。其功能是

将钞券均匀地捻下，送入输钞带。

2. 出钞部分

主要由出钞胶轮、出钞对转轮组成。其作用是出钞胶圈以捻钞胶圈两倍的线速度把连续送过来先到的钞券与后面的钞券有效地分开，送往计数器与检测传感器进行计数和辨伪。

3. 计数部分

主要由光电管、灯泡、计数器和数码管组成。捻钞轮捻出的每张钞券通过光电管和灯泡后，由计数器记忆并将光电信号轮换到数码管上显示出来；数码管显示的数字，即为捻钞张数。

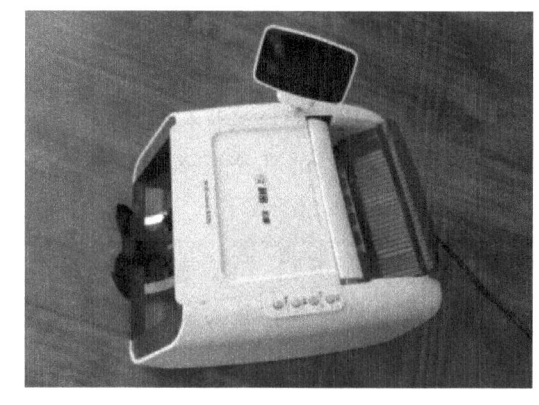

图 1 - 37

4. 接钞部分

主要由接钞爪轮、托钞板、挡钞板等组成。其功能是将点验后的钞券一张张分别卡入接钞爪轮的不同爪，由脱钞板将钞券取下并堆放整齐。

二、点钞前的准备工作

1. 放置好点钞机

点钞机放置的位置应该避开强光源，如果光线过强，会使硅光电池出现损坏、短路等问题，缩短点钞机的使用寿命。

> **小贴士**
>
> 点钞机一般放在点钞员的右前方或正前方的桌面上，距离胸前约30厘米左右的位置。

2. 放置好钞券和工具

因机器点钞速度较快，工作人员需在点钞前将待点的钞券整理好，其他工具放置要适当、顺手、固定，以避免在清点过程中杂乱无序。

> **小贴士**
>
> 准备清点的钞券通常放在机器右侧，按票面大小顺序排列；捆扎条应放在点钞机旁边靠近点钞员的一侧，其他工具如印章等要放置适当、顺手。

3. 试机

打开点钞机电源开关和计数器开关，查看并选择点钞机的工作状态，对点钞机按需要进行调整和试验，力求下钞流畅、点钞准确、转速均匀、落钞整齐。

> **小贴士**
>
> 拿一把钞券进行试机,若在清点中出现输钞带上钞券排列不均匀,或者钞券不整齐、票面歪斜的现象,点钞员应加以调整,调试一般要求达到不松、不紧、不塞为止。

【课堂练习1-4】(1)观察点钞机的各构成部分,明确其功能。(2)按步骤对点钞机进行试机,通过调整与实验,使点钞机达到正常工作状态。

活动2 机器点钞的操作方法

机器点钞同手工点钞一样,也分为拆把、点数、扎把、盖章等工序。

1. 拆把与放钞

右手取过钞券,握住钞券的右端,拇指在前,其余四指在钞券背面;掌心向下用力,将钞券捏成瓦形,左手上前顺势将扎钞纸条从左侧脱去。

右手横握钞券,将钞券捻成前低后高的坡形,然后横放在点钞机的滑钞板上,不要太用力,使钞券顺着滑钞板形成自然斜度(见图1-38)。

2. 清点

钞券进入机器后,通过捻钞轮自然下滑到输钞带,清点中目光应紧盯传动的钞券,检查是否有夹杂票、残破票、假钞和其他异物。钞券全部下到接钞板(接钞台)后,要看清记数器显示数字是否为"100",或是与此把钞券纸条上所标数字相符的张数。检查数字准确后,左手将钞券取出。

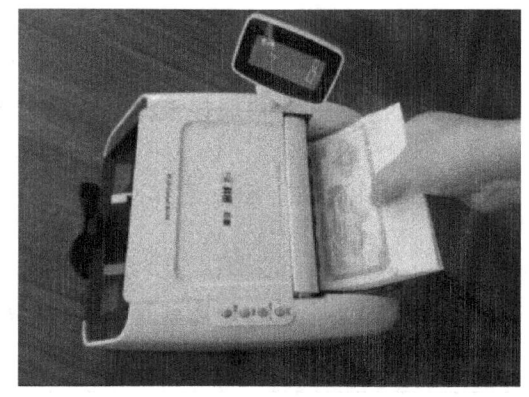

图1-38

> **小贴士**
>
> 处于智能状态的点钞机,在清点过程中若发现假币,机器就会自动停止,蜂鸣器会发出"嘟嘟"几声报警信号,如果学生在练习使用点钞机时用的是练功券,需将点钞机调至计数状态。

3. 扎把

将清点准确的钞券蹾齐,右手取过纸条进行扎把。

4. 盖章

待所有钞券清点、捆扎完毕,在钞券侧面的纸条上盖上点钞人员名章,以明确责任。

知识驿站

点钞机有许多种类型,但不管哪种类型的点钞机,其功能大同小异,主要功能就是点钞和防伪（见图 1-39）。

图 1-39　数码防伪智能点钞机

点钞机点钞通常有以下几种清点方式。

1. 全数清点方式

关闭所有检测功能键，在自动启动的状态下可以进行全数清点。把钞券横放于滑钞板上，机器会自动启动、运行，直至滑钞板上钞券走空，清点数目显示在计数显示窗上。如果要继续清点，则取走接钞板上的钞券，并把另一把钞券放在滑钞板上，计数窗数值自动回"0"，机器重新启动并点钞。如果不取走接钞板上的钞券，而在滑钞板上加放钞券，机器将自行启动，且将新点的张数累加于原计数值之上。

2. 累加清点方式

按累加键，指示灯亮，表示机器处于累加点钞方式。清点完第一把钞券后，如果要继续清点，不管接钞板上的钞券是否取走，只要把钞券放于滑钞板上，机器便会自行启动点钞，而且将新点的钞券张数累加于原数值上。依此类推，直至数值显示到"9999"张后，即回到"0"重新计数。

3. 定量清点方式

通过按预置键、加或减数键，可在"1—999"范围内选取预定数值，选定后机器即自动选择了定量清点方式。把钞券放于滑钞板上，机器便会自行启动点钞，当点钞计数到预定数值时，机器会自动停止。如果要重复定量清点，只要拿走接钞板上已经点过的钞券，机器会自动重复上述过程。若不拿走接钞板上的钞券，只要按启动键，机器也会启动点钞，重复定量清点，计数窗将显示所累计的数值。未达到预定数值时，应重新往滑钞板上放入钞券，机器会自行启动，连续计数，并达到预定数值时停止。

4. 防伪清点方式

防伪清点方式包括：荧光、磁性、安全线、光谱，以及连张、半张、夹张等识别功能，按需要选择相应的功能键进行识别。使用紫光防伪检测，开机后待紫光管预热 3 分钟，才能达到最佳检测效果；使用磁性防伪检测，按磁性键，指示灯亮即打开磁性防伪功能；连张、半张、夹张识别，是对长度小于 70mm、宽度大于 1/3 的纸币进行检测。

点钞过程中，当遇到可疑钞券时，机器会立即停机，发出警报声，并在预置窗闪动显示相应的检测信息代号，可疑币停留在接钞板表面第一张。机器停机约 5 秒后，自行启动继续运行,或按启动键随时让机器启动继续点钞。

【课堂练习1-5】按照机器点钞的工序步骤练习使用点钞机进行钞券的整点,要求动作熟练流畅。

活动3 机器点钞的注意事项

一、机器点钞的常见差错及其处理

1. 开机后无显示
(1) 检查电源的插座是否有电。
(2) 检查点钞机的插头是否插好。
(3) 检查点钞机的保险丝是否已熔断。
2. 开机后出现故障提示代码
一般点钞机具有故障自检功能,开机后点钞机就自诊是否有故障。不同的点钞机,故障代码也不一样。请参考《使用说明书》。
3. 计数不准
(1) 调节托钞盘后部的垂直螺丝,顺时针拧一周或两周。
(2) 清理光电记数传感器上的积尘。
(3) 清尘后不能恢复正常,则查看阻力橡皮、捻钞轮是否严重磨损,换完后再进行调整。
(4) 调节送钞台光电计数器传感器的对正位置。
4. 荧光鉴伪不报警或检伪灵敏度降低
(1) 调节电路板灵敏度按键或灵敏度调节电位器(荧光鉴伪的灵敏度)。
(2) 查看荧光灯管光传感器(紫光灯探头)是否积灰尘。
(3) 查看荧光灯管是否老化。
5. 启停方式失灵
(1) 查看送钞传感器是否积灰尘。
(2) 查看送钞传感器和主电路板连接是否断开,接好即可。
(3) 查看点钞机皮带是否折断。

二、点钞机的日常保养

"工欲善其事,必先利其器",仅仅能使用好点钞机还是不够的,还应注意对点钞机进行日常的保养和维护。保养时主要包括以下3点。

1. 除尘
保养机器最重要的一点就是除尘。如果灰尘积留得比较多,轻则影响鉴伪,重则对机器的集成电路造成无法补救的损害。
在机器内灰尘积累较多的地方是紫外灯管。这里的灰尘可以用毛刷或者抹布进行清理，不过必须先将机器的电源线拔下来，以免触电！然后再对机器的积尘盒进行清理。带有吸尘装置的点钞机，其吸尘装置吸取的灰尘都装在积尘盒里，可以将它拆下来进行清理。除尘时要注意，用毛刷或者抹布不能碰到的地方就不要非得去碰，否则容易损坏机器。

2. 及时更换易损件

点钞机的易损件主要包括橡胶器件和紫光灯管。橡胶器件使用一段时间后会由于磨损而导致摩擦力下降，从而导致机器的性能随之下降。紫外灯管工作一段时间后紫外光的发射能力也会下降，从而导致机器鉴伪能力下降，需要更换紫外灯管。更换这些易损件时要严格按照使用说明书要求的方法进行。

3. 调节点钞的间隙

点钞机有一个调节摩擦力的机构，其外形类似于圆形的钮，可称它为"旋钮"。旋钮的调整一般符合这样的规律——"顺时针调整，摩擦力增加；逆时针调整，摩擦力减小"，通常调节两圈就可以。

另外，每次使用完点钞机后，应及时关闭电源，这样既能延长点钞机的使用寿命，又能节约用电。

活动 4 硬币整点技术

硬币的整点基本有两种：一是纯粹手工整点，二是工具整点。手工整点硬币一般用在收款时、收点硬币尾零款；工具整点硬币一般用于大批硬币的整点。

一、手工整点硬币

手工整点硬币一般分为拆卷、清点、记数、包装、盖章这五个环节。

1. 拆卷

右手持硬币卷的三分之一处，左手撕开硬币包装纸的一头，然后用右手从左到右端压开包装纸；包装纸压开后用左手食指平压硬币，右手抽出已压开的包装纸。这样即可准备清点。

>  小贴士
>
> 可在拆卷前将新的包装纸平铺在桌子上，硬币清点的拆卷和清点工作都在新的包装纸上进行，在硬币整点完后，可以直接进行包装，以节省时间提高效率。

2. 清点

从左向右分组清点。清点时，以右手拇指和食指将硬币分组。

每次清点的枚数因个人技术熟练程度而定，可一次清点 5 枚或 10 枚，也可一次清点 12 枚、14 枚、16 枚等。为保证清点准确无误，可中间分开查看。如一次点 10 枚，即从中间分开，一边为 5 枚。以此类推。

3. 记数

采用分组记数法，一组为一次。如一次清点 10 枚，那么点 10 次即为 100 枚。

4. 包装

清点完毕即可包装。硬币每百枚或五十枚包一卷。包装方法如下。

（1）将硬币排成一排放在新的包装纸上，用双手的无名指分别顶住硬币的两头，用拇指、食指、中指捏住硬币的两端。

（2）用双手拇指把里半边的包装纸向外掀起并用食指掖在硬币底部。

（3）用右手掌心用力向外推卷，随后用双手的拇指、食指和中指分别把两头包装纸向中间方向折压紧贴硬币，再用拇指将后面的包装纸往前压，食指将前面的包装纸向后压使包装纸与硬币贴紧，最后再用拇指、食指向前推币。

（4）用双手的拇指、食指和中指分别将两头的包装纸向中间方向折压，使其紧贴硬币。

5. 盖章

硬币包装完毕后，整齐的平放在桌面上（硬币卷竖放），卷缝的方向一致，右手拿名章，贴在右面第一卷硬币上，左手平放在各硬币卷上并向右滚动，名章随硬币卷的滚动依次盖在各卷上，使印章盖得又快又清晰。成卷的硬币也可横放在桌面上。右手名章贴在最前面一卷的右端，用左手掌心推动硬币向前滚动，右手将名章逐一盖在硬币卷的右端。

二、工具整点硬币

工具整点硬币主要借助于硬币整点器（亦称硬币计数器）。这种硬币整点器内根据各种硬币的直径设计相应的弧形槽式分币板（见图 1-40）并根据流通中硬币的平均厚度，固定了百枚（或五十枚）硬币的总长度，使用简便，携带方便，工效又高，是银行清点硬分币不可缺少的工具。

图 1-40　硬币清点器

硬币整点器的操作步骤中与手工整点硬币基本相同，其操作程序和方法如下。

1. 拆卷

拆卷通常有两种方法：一是震裂法，二是刀划法。

震裂法拆卷是以双手的拇指与食指、中指捏住硬币的两硬币的两端向下震动，同时左手稍向里扭动，右手稍向外扭动，使包装纸裂开。

刀划拆卷法是在硬币整点器的右端安装一个刀刃片，拆卷时双手的拇指、食指、中指捏住硬币的两端，从左向右从刀刃上划过，这样包装纸被划开一道口，然后双手手腕同时向里转，硬币进入整点器槽内。随后将划开的包装纸取出准备清点。

2. 清点

将硬币放入整点器内后，眼睛从上端看到下端，检查每槽的数量与高度是否准确。

3. 包装

两手的中指顶住硬币由两端，拇指在卷里、食指在卷外边将硬币的两端捏住。两手向中间稍用力，从整点器内将硬币提出放在准备好的包装纸中间，其包装方法与手工整点硬币包装方法相同。

4. 盖章

盖章方法与手工整点硬币的方法相同。

实训　机器点钞技能的连贯性训练

实训目的：

训练学生使用点钞机进行钞券的清点。

实训要求：

（1）掌握点钞机点钞前的调整与试验。

（2）熟悉点钞机各种工作状态的调整。

（3）清点过程中手、眼要与点钞机的动作配合协调。

（4）扎把时动作流畅，松紧得当。

（5）盖章的动作要快，印章要清晰。

实训时间： 40分钟

实训形式：

（1）整把清点，限时不限量。

（2）整把整点，定量计时。

实训过程：

1. 分项练习（时间20分钟，全班集中训练）

要求：对试机、调整、清点和扎把等环节分别进行单独的训练，直至将每一个动作熟练掌握。

2. 综合练习（时间20分钟，分小组训练）

要求：使用点钞机进行点钞，将各操作步骤连续起来进行整个过程的清点。

（1）整把清点，限时不限量：在5分钟内循环进行拆把、点数、扎把、盖章等连续的操作步骤，并记录成绩。

（2）整把整点，定量计时：定量10把（10000张）钞券，点完为止，并记录所用的时间。

模块二
小键盘数字录入技能与实训

知识目标

掌握微机小键盘的功能键、电子计算器的功能键的内涵。

能力目标

1. 熟练采用正确的坐姿、科学规范的手势和指法进行小键盘数字录入。
2. 能运用小键盘数字录入技能进行加减、账表、传票、票币算,在本学期达到每分钟 100 键的速度。
3. 掌握银行柜面开户业务录入技能。
4. 熟练掌握超市手工录入商品条形码技能。

情感目标

了解小键盘录入技能与实训对于银行及超市工作人员上岗操作的重要性。

任务 1　认识小键盘数字录入技能

任务描述

随电脑的普及,计算机的小键盘和珠算的传统项目传票相结合能大大提高金融、商业行业的计算效率和工作效率。本模块对键盘功能、坐姿 、手势、手指分工等做了详细讲解。

通常我们所说的键盘就是连接电脑的有数字、英文、各种功能键的全键盘。本任务主要介绍的小键盘是全键盘右边的数字键盘。下面首先让我们来认识一下小键盘及各种功能键的操作。

活动 1　小键盘的功能键及操作

一、认识计算机键盘

1. 常用的计算机键盘(见图 2-1)

图 2-1 常用的计算机键盘

2. 小键盘各功能键（见图 2-2）

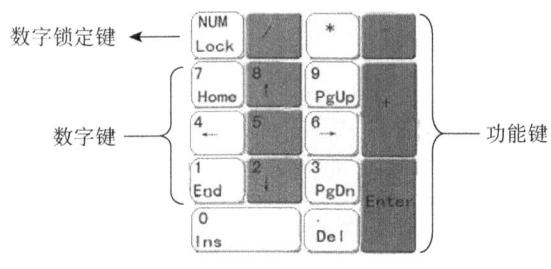

图 2-2 小键盘

二、小键盘区上的键位与功能键操作

小键盘区一共有 17 个键位，该区的大部分按键具有双重功能：一是代表数字和小数点，即 0-9 数字，小数点，加、减、乘、除运算符号及回车确认键；二是代表某种编辑功能，如↑、↓、→、←等功能键。

利用该区的 Num Lock（数字锁定键）可在这两种功能之间进行转换，按下这个键，键盘右上角有一个标识为"Num Lock"的指示灯会点亮，这个时候使用小键盘输入的是数字，再按一下这个键，指示灯会熄灭，小键盘区域处于编辑功能状态。

活动 2 小键盘数字录入的基本要求

认识小键盘及功能键操作后，我们要检查自己是否作好了录入的准备。利用小键盘进行数字录入必须遵循以下基本要求。

一、坐姿端正、用品定位

正确的坐姿能减轻输入的疲劳感，有效地提高录入的速度（详见任务 2）。

二、手势恰当、指法正确

小键盘数字录入有很多方法,我们提倡的方法是"五指法",它有四个基本要求。

(1) 手势呈弓形(见图2-3)。
(2) 五个手指有明确的分工,既不能"一指禅"、"两指禅",即由某个或某两个手指包揽,也不能相互之间"串岗"。
(3) 盲打,即录入时眼睛不能看数字键盘,只能看数据源和屏幕。
(4) 右手独立完成,左手不能进行任何有关操作(包括辅助操作)。

图2-3 五指法

三、遵循24字原则

我们认为掌握小键盘数字录入技能应严格遵守24字原则:"手型正确、严格分工、双手配合、击键规范、用力均匀、键位准确"。所谓手型正确是指采用弓形;严格分工强调手指使用的独立性;双手配合主要是在非传票算时左手食指协助指着要录入的数字或传票算时左手翻页右手击键;击键规范强调不要用按键法,击键宜迅速、击中要害;用力均匀是指击键时轻重适度;键位准确则是盲打的关键,要干净利落、防止拖泥带水误击无关键位。

任务2 坐姿、手势和指法

任务描述

正确的坐姿能有效地提高录入的速度,减轻输入的疲劳感。规范的手势和指法能让我们录入更准确及轻松,达到事半功倍的效果。

活动1 坐姿与用品定位

一、坐姿

（1）身体正面面对微机屏幕坐端正，两腿自然分开，上体放松，双肩自然下垂（不要耸起），大手臂自然下垂后抬起右手小手臂。身体要自然坐直，两脚放平与胳膊平行，肘关节的弯度一般应保持在90°，眼睛与屏幕的距离在40至50厘米左右（见图2-4）。

（2）显示器的位置应在视线以下10°至20°左右。

（3）右手各手指轻放在规定的基准键上，手腕平直，手指弯曲自然，击键只限于手指指关节，身体其他部分不要接触工作台或键盘。

（4）小键盘录入过程中左手是绝对不能参与任何操作动作的，包括击清除键。

友情提示：
掌握正确的坐姿是学好小键盘操作技能的秘诀之一，不要养成把左手放在椅子上、撑腰、撑头等不良习惯（如图2-5）。

图2-4　正确坐姿　　　　　　　　图2-5　错误坐姿

二、用品定位（见图2-6）

（1）小键盘或计算器放置在桌面偏右侧，保证右手在小键盘区域上方，食指、中指和无名指刚好落在"4"、"5"和"6"基准键上为宜。

（2）计算题或传票放置在左手边。

（3）记录纸张放在传票的下方。

（4）笔放在计算器的下方，右手能方便拿到。

图 2-6 小键盘用品定位及计算器用品定位

活动 2　手势

一、小键盘的手势（不需要握笔）

在击键时，通过调整手指的弯曲度和手指间的张度，使每个手指的指尖落在键的中间，这个姿势称作基本姿势。在数字录入的整个过程中必须保持基本姿势不变。

（1）举起右手，食指、中指、无名指和小指的三个指节都自然弯曲，手指与手掌间的关节稍微突起（见图 2-7）。

（2）手腕保持平直。

（3）将食指、中指和无名指的指尖依次轻放于"4、5、6"三个基准键上，指甲盖与键面的夹角略小于 90°，指节略向前倾。

（4）小指保持相同姿势略往后缩。

（5）大拇指弯曲后放置于手掌下方，抬起手腕，使手掌稍微架空于键盘。

（6）大拇指左侧指尖在"0"键上，小指右侧指尖刚好在"Enter"键上（见图 2-8）。

> 💡 **小贴士**
>
> 特别要注意"0"和"Enter"键的长度比一般键大一倍，要防止指尖击在键的两端时造成的"空击"现象。

图 2-7　手势　　　　　　　　图 2-8　基本手型

二、计算器的手势（需要握笔）

前4项同小键盘的手势相同，大拇指弯曲后将笔按笔头朝左，笔芯朝右的方向塞在大拇指与手掌的空隙处（见图2-9）。

 小贴士

握笔的技巧

1. 技巧

录入结束，书写计算结果也是一项重要技能，书写速度的高低直接影响录入的整体速度，为方便快速地书写结果，正确握笔的方法是把笔横压在右手拇指与手掌之间，使笔与手掌平行，笔杆上端伸出虎口并露出1/3，笔尖露在外侧。

2. 作用

便于书写计算结果，减少了取放笔的次数，节约计算时间。

图2-9 计算器的手势（握笔）

活动3 指法

一、基本指法

在小键盘上击键的基本指法是右手食指、中指和无名指在键盘上实行"纵向管理"，每个手指负责管理基准键位上方和下方的键（一竖条四个键），即食指负责"Num Lock" "7" "4" "1"键，中指负责"/" "8" "5" "2"键，无名指负责"*" "9" "6" "3" "小数点"键。大拇指负责"0"键，小指负责"Enter"键。

 友情提示

掌握正确的指法是学好小键盘操作技能的秘诀之二。重点是右手食指、中指和无名指在键盘上纵向移动并熟悉键位，用大拇指左侧指尖击"0"键，用小指右侧指尖击"Enter"键（见图2-10）。

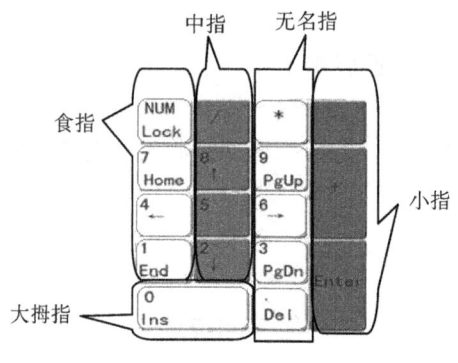

图 2-10 基本指法

二、击键的方法

击键和按键是键盘操作的两种方法，我们建议采用击键法录入数字。

1. 按键

右手做好基本姿势，录入时所有手指不离开键面（见图 2-11），某个手指把需要录入的数字键往下压（见图 2-12）。

图 2-11 基本手势

图 2-12 按键

2. 击键

右手保持基本姿势，录入时在手腕带动下抬起手掌使所有手指离开键面并向下或向上移动到所需键位，操作的手指在手腕的带动下快速向下击打键面并快速抬起，整个手势仍然保持基本姿势不变（见图 2-13）。

3. 掌握正确指法的八个要领

（1）录入前各手指要放在基本键上，输入数字时，每个手指只负责相应的几个键，不要混淆（见图 2-14）。

图 2-13 击键

（2）在数字录入的整个过程中必须保持基本姿势不变，不要翘兰花指或大拇指外翘。

（3）录入时，一手击键，另一手要处于预备状态或配合指着要计算的数字或翻传票。

（4）击键时，手抬起，只有要击键的手指才可伸出击键，不可压键或按键。

(5) 击键速度要均匀，用力要轻，有节奏感，不可用力过猛。

(6) 快速击快速放，手指击键的动作轻捷有力而干脆，每个手指只负责相应的几个键，不要混淆。

(7) 从上一个键到下一个键不能靠手指的伸或手指在键面上滑行来完成，而是靠整个手掌在键盘上的上下跳跃式移动来定位。

视频17　击键指法

(8) 击键时要注意尽可能击在键的中间，避免击在两个键之间。因为击在键的边沿会造成"空键"或同时录入两个数字的"连击"错误，特别是"0"键和"Enter"键。

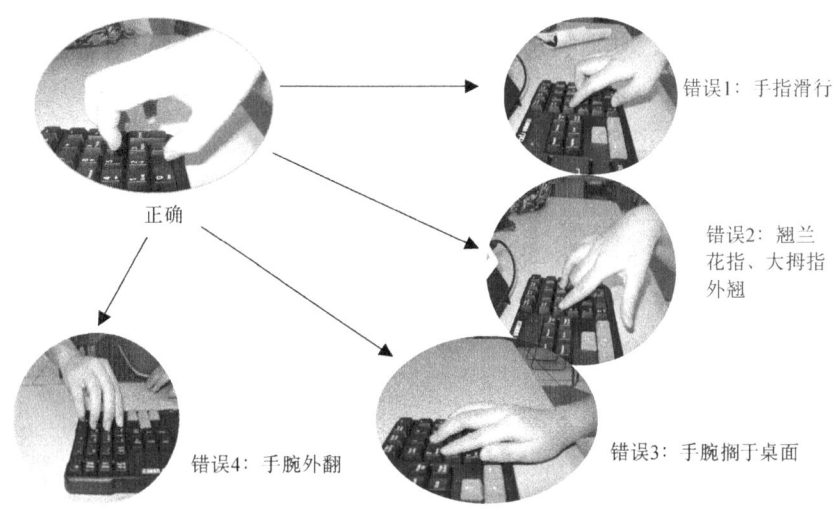

图 2-14　五指法正误对照

实训　盲打基础训练

实训目的：

(1) 单指训练、同排训练。

(2) 双指训练、跨行训练。

(3) 综合训练。

>  小贴士
>
> 开始练习时，要讲求击键准确，其次再求速度，开始时可用每秒钟打一下的速度。

>  小贴士
>
> 从开始训练之初就要坚持盲打。在录入训练过程中，应先讲求准确地击键，不要贪图速度。一开始，键位记不准，可稍看键盘，但不可总看键盘。经过一定时间的训练，要逐步达到不看键盘也能准确击键。

实训要求及过程:

1. 盲打基础训练

盲打基础训练是"五指法"数字录入的基本训练,训练目标是指法正确、键位准确,通过训练使同学们能基本掌握五个手指的分工,准确到达目标键位。这个训练要求同学改变习惯思维方式,不要去寻找老师报数的规律,大脑跟着耳朵走。

(1)基准键位训练。

基准键位盲打训练主要是通过食指、中指、无名指这三个手指在同一横排、竖排数字键上此起彼落的动作,训练手指的灵活性、指位交换的灵敏度,及同学们对数字的反应能力。练习时,数字排列规律从简到难,先按三个手指位置的顺序反复练习。

【课堂练习 2-1】 同排练习

```
456     654     546     465     645     564
4556    6554    5446    4665    6445    5664
4456    6654    5546    4465    6645    5564
4566    6544    5466    4655    6455    5644
445566  665544  554466  446655  664455  556644
455566  655544  544466  466655  644455  566644


123     321     213     132     312     231
1223    3221    2113    1332    3112    2331
1123    3321    2213    1132    3312    2231
1233    3211    2133    1322    3122    2311
112233  332211  221133  113322  331122  223311
122233  322211  211133  133322  311122  233311


789     987     879     798     978     897
7889    9887    8779    7998    9778    8997
7789    9987    8879    7798    9978    8897
7899    9877    8799    7988    9788    8977
778899  998877  887799  779988  997788  889977
788899  988877  877799  799988  977788
```

(2)单指练习。

单指训练是盲打训练的重点和难点。掌握盲打方法的关键是手指能准确快速地达到所需键位。手指从"1"键到"4"键、从"9"键到"3"键,或从"8"键到小数点、到回车键,这其中跨越了一行或两行,各人的标准距离不一样,要由每位同学在训练过程中用心去体会这种距离,找到感觉,把握好手在键盘上跳跃移动的幅度。

【课堂练习 2-2】

```
147     741     471     174     714     417
1447    7441    4771    1774    7114    4117
1147    7741    4471    1174    7714    4417
```

1477　7411　4711　1744　7144　4177
114477　774411　447711　117744　771144　441177
144477　744411　477711　177744　711144　411177

1471　4717　1747　7147　1714　7174
14741　47147　17417　71477　17114　71774
17414　47174　14771　74147　11741　71747
147417　471474　711477　747144　477147
747174　471714　741471　417471　174147
471474　714744　714471　147414　174147

258　285　582　528　825　852
2558　2885　5882　5228　8225　8552
2258　2285　5582　5528　8825　8852
2588　2855　5822　5288　8255　8522
225588　228855　558822　882255　885522

255588　288855　522288　588822　822255　855522
2582　2858　5828　8525　8258　5282　5825　8528　2882
25825　28582　58282　85258　82582　52825　58258　85285
258258　285825　582825　852582　825825　528258　582582
852852　582585　528252　285285　282582　582852　825852

369　396　963　936　639　693
3369　3396　9963　9936　6639　6693
3669　3996　9663　9336　6339　6993
3699　3966　9633　9366　6399　6933
336699　339966　996633　993366　663399　669933
366699　399966　966633　933366　633399　699933

3693　3696　6936　9363　6339　9369　6939　9396
36936　36963　69369　93636　63396　93696　69396
939696　369636　693696　936936　639636　936963
636963　693633　693693　369336　636936　939636

> **小贴士**
>
> 　　要特别注意，食指、中指、无名指在键盘上是纵向管理，因此手在键盘上的跳跃式移动也只能是纵向的，不应该有横向移动；横向移动会因错位而造成指法混乱，录入错误。

2. 基本练习

本训练要求指法正确、键位准确。

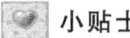 小贴士

食指和中指练习要注意两个手指的手工,不要串位,特别是食指很容易"越权包揽",代替中指操作。中指和无名指、食指和无名指的练习除了要控制好两个手指的分工不要互相混淆以外,还要控制好无名指的击键力,不要击空键。

(1) 双指练习。

【课堂练习 2-3】

10 20 30 40 50 60 70 80 90 01 02 03 04 05 06 07 08 09

101 202 303 505 606 707 808 909 010 020 030

040 050 060 070 080 090

1) 12 23 45 56 78 89

2) 13 46 17 28 39 79

3) 14 25 36 47 58 69

4) 18 27 29 91 82 73

5) 15 24 36 47 58 69

6) 79 46 13 31 64 97

7) 11 12 13 14 15 16 17 18 19

8) 21 22 23 24 25 26 27 28 29

9) 31 32 33 34 35 36 37 38 39

10) 41 42 43 44 45 46 47 48 49

11) 51 52 53 54 55 56 57 58 59

12) 61 62 63 64 65 66 67 68 69

13) 71 72 73 74 75 76 77 78 79

14) 81 82 83 84 85 86 87 88 89

15) 91 92 93 94 95 96 97 98 99

16) 23 31 13 56 64 46 89 97 79

17) 17 14 71 28 25 82 39 36 93

视频 18 盲打基础训练

(2) 综合训练。

【课堂练习 2-4】 将下列各定数连击 1 分钟。

(1) 147258369…………

(2) 741852963…………

(3) 471582693…………

(4) 41758639…………

(5) 123456789…………

(6) 1234567890………

视频 19 盲打综合性训练

(7) 9876543210………
(8) 153429786………

【课堂练习 2-5】步步高加减练习（正向练习加法，反向用从加法结果做减法）。

$1 + 2 + 3 + \cdots + 36 = ?$

$1 + 2 + 3 + \cdots + 50 = ?$

$1 + 2 + 3 + \cdots + 77 = ?$

$1 + 2 + 3 + \cdots + 100 = ?$

任务 3　小键盘数字录入技能的应用

任务描述

当今的小键盘数字录入大体分为三种：①专用于比赛、练习的学生学习机（翰林提）；②计算器；③微机的小键盘。后两种运用更广泛一些。下面就介绍一下计算器的功能及操作。

一、电子计算器的种类

1. 简单型计算器（见图 2-15-1）

简单型计算器又称算术型计算器，可进行加、减、乘、除、开方等简单的四则运算。

2. 科学型计算器（见图 2-15-2）

科学型计算器又称函数计算器，除了具有普通计算器的功能外，还增加了许多函数和统计计算功能，具有初等函数、排列、组合、概率、统计等运算功能。

3. 专用型计算器

目前这类计算器主要是供财会人员使用，可做加、减、乘、除四则运算，百分比计算等，有的还附加一些其他的功能，如日历、报时等。

4. 程序型计算器

程序型计算器可以编制程序，把比较复杂的运算步骤储存起来，进行多次重复的运算。目前学生使用与训练的大多数为简单型计算器，它具有加、减、乘、除、百分比、累计等基本计算功能，这种计算器结构简单，操作方便，适合于会计、统计和一般家庭日常生活使用。

图 2-15-1　简单型计算器

图 2-15-2　科学型计算器

二、简单型计算器的结构

显示屏：在计算器的表面，显示屏显示从功能键输入的数据及运算结果，一般为液晶显示。

功能键：在计算器的表面，是计算器的主要外部设，功能键用来输入计算指令和需要计算的各种数据。

内存：在计算器的内部，是计算器的仓库，用来存放指令和各种数据，以及运算器送来的各种运算结果。

运算器：在计算器的内部，是计算器的运算装置，是对数据信息进行加工和处理的部件，其主要功能就是在控制器的控制下完成各种运算。

三、简单型计算器各功能键介绍

（1）电子计算器按键包括数字键、符号键和功能键三类。

（2）功能键介绍。

[ON/C]：开启键和清除屏幕键。按下此键即接通电源，如果在操作中按下此键则可删除记忆外的所有输入。

[AC] 或 [CA]：清除计算器内存所有内容，按下此键存储器和总存储器内容均被清除。

[OFF]：关闭电源键。

[M+]：记忆加法键。可以加上屏幕上的数字并存储在计算器中。

[M-]：记忆减法键。可以减去屏幕上的数字并存储在计算器中。

[MR]：累计显示键。可调出由 [M+] 或 [M-] 键存入的数据。

[MC]：清除存储器键。按下此键储存器内的内容均被清除。

[CE]：清除错误键。按下此键屏幕上输入的数字均被删除。

[GT]：汇总键。按下"="或"%"键，结果会累计在总和中，按下一次可显示总和，如果连续按下两次，可清除总和。

↑5/4↓：位数形态选择键。5/4 表示四舍五入键；↑无条件进位数；↓无条件舍去数。

F 4 3 2 0 A：小数位数选择键。4、3、2、0 表示小数以下取 4 位、3 位、2 位、0 位数。F 表示满档，计算时按实际数据如实输入。A 表示小数已自动设定为两位数。

活动 1 计算器计算技能——加减算

一、电子计算器操作基本要求

（1）坐姿端正。身正腰直，双脚平放在地上，头微低，眼与计算器之间保持适当的距离，肌肉放松，动作协调。

（2）放置适合。一般根据操作人员身体的实际情况，放置击打键盘于感觉最舒适的地方。如果是右手击键，一般放于右方某个适合位置，资料置于计算器的左边。位置固定后，不要随便移动，以免影响速度。

（3）正确击键。击键时手腕要平，胳膊尽可能保持不动；严格按照手指的键位分工进行击键；击键用力要适中，不能过轻、过重，手指与键的接触时间要短，否则容易发生连击，造成误操作；按键要垂直用力，不要侧向按键；一次只能击一个键，否则容易损坏计算器；击键后，手指要迅速返回基本键位上。

（4）正确握笔。用右手拇指轻轻托住笔，其余四指按键。从一开始训练时就应由右手握笔击键计算，速度会更快。

（5）精力集中。注意力高度集中，做到眼到手到，熟练到一定程度，眼睛就不应看键盘，而靠手、眼、脑协调配合，做到眼睛看到什么数字手指就击打什么数字。

二、基本指法

通常将计算器功能键分为四个区域，每个手指负责一个区域，一般规定右手的食指、中指、无名指和小指依次放于基准键（4、5、6、+）上，当准备操作小键盘时，手指应轻轻放在相应的基准键上，敲击完其他按键后，也应立即回复到指定的基准按键上（见图2-16）。

图2-16 基本指法

三、指法训练

练习方法跟小键盘的指法基本相同。基本键位练习活动如下。

第一阶段：将中指放在"5"键上，其余手指放在相应的基本键上，然后以原地踏步的方式敲击数字键和符号键，如 5555、4444、6666、7777、8888、9999、1111、2222、3333、0000、0000、＋＋＋＋、－－－－、××××、÷÷÷÷、＝＝＝＝、ON/C、ON/C。

第二阶段：手指在相邻和不相邻的几个键位上连续敲击，进一步加深键位印象，如"546、879、213、147、852、963、321、456、789、258、741、000、＋、－、×、÷、＝"。

第三阶段：全盘练习。例如常数法练习，如 26,785 ＋ 26,785 ＋ 26,785 ＋ 26,785 … ＋ 26,785 （10 次） ＝267,850

> **小贴士**
>
> 练习指法时，抓住4、5、6三个键位，逐渐向123、789、0、00键延伸，通过一定时间的练习，可以循序渐进地掌握计算器的基本指法，进而为计算器盲打创造条件。

> **小贴士**
>
> 在击键中，右手的位置有两种方式：一是右手腕悬空，操作时手掌上下移动；二是右手（腕）掌尾放在桌面上，靠手指的移动来完成操作。用什么方式根据自身身体条件而定。

四、加减算

基本方法：采用"一目一行看数键入法"，左手指着每一行数，眼睛迅速看完，大脑同步记住该数，并指挥右手快速键入该数。

1. 看数

方法一：分节看数、分节按键。

【例 2－1】 32,405

读成：叁贰（略停顿）肆零伍

【例 2－2】 1,289.67

读成：壹贰捌玖（略停顿）陆柒

课堂训练：

9,267	5,128	6,793	8,310
14,258	25,806	78,674	67,032
571,608	641,206	354,276	980,106
2,034.56	5,892.34	9,541.37	1,357.68
32,605.34	65,910.57	78,354.64	97,364.27

方法二：一目一行看数、按键。

【例 2－3】 57,634

读成：伍柒陆叁肆

2. 记数

方法：对应分节号和小数点，按上述看数技巧有规律、有节奏地记数。

课堂训练：（1）资料见《财经基本技能天天练》项目二实训 4。

（2）时间 5 分钟至 10 分钟。

（3）记数时心中默记不出声。

（4）尽量一次性记下来，不重复记同一个数。

3. 按键

方法：同前述指法。

要求：（1）手指分工协作。

（2）手尽量下压，不要高抬手。

（3）不能使用一个手指按键。

视频 20　加减算

4. 写数

方法：看一行、记一行、写一行、一笔写成。

【例 2 - 4】表 2 - 1 为加减算样题。

加减算练习题

班级_____　姓名_____　成绩_____

要求：十分钟打完十道题并对八题以上。

表 2 - 1　　　　　　　　　　　　　练习题

（一）	（二）	（三）	（四）	（五）
2,718	34	348	3,706	95
43	156	95	584	741
905	8,907	126	12	3,602
67	23	4,082	97	857
4,051	765	61	4,065	23
96	4,091	3,504	38	4,016
832	28	793	921	39
15	742	27	73	64
6,709	16	6,019	2,109	718
824	3,809	54	756	5,203
37	563	835	83	98
5,091	28	26	1,075	136
83	79	4,108	62	4,097
452	6,014	79	894	52

续表

（六）	（七）	（八）	（九）	（十）
473	4,108	39	815	3,206
5,206	93	751	76	94
98	762	6,908	24	851
137	59	47	9,301	79
84	6,087	832	87	408
2,019	25	64	5,163	5,367
65	341	1,059	429	203
842	9,576	283	68	85
71	104	15	3,402	4,902
5,608	82	4,706	971	716
94	37	952	56	98
812	2,016	73	478	73
53	384	8,091	15	4,052
6,097	25	64	2,039	61

活动 2　计算器计算技能——账表算

知识驿站

账表算

账表算又称表格算，是日常经济工作中最常见的加减运算形式。它是把纵向运算与横向运算合并于一张表格中，用横栏和纵栏相互交叉的数据分别进行横向和纵向的加减运算最后求得两个总数相等，又称"轧平"的计算。

要求：每张表满分 200 分。纵向题每题 14 分，共计 70 分；横向题每题 4 分，共计 80 分，全卷合计 150，而能扎平者（即横向合计的和与纵向合计的和相等），再另加 50 分。表 2-2 限时 20 分钟完成。

视频 21　账表算

表 2-2　　　　　　　　　　账表算样题

序数	一	二	三	四	五	答数
1	42,139,065	5,863	70,491	435,628	9,807,142	
2	9,807,142	10,974	483,562	42,196,053	3,586	
3	5,638	428,356	14,265,039	8,904,217	40,719	
4	40,719	21,453,096	9,801,724	5,368	456,283	

续表

序数	一	二	三	四	五	答数
5	462,835	8,902,471	8,635	-90,147	21,439,065	
6	8,965	158,649	27,483,650	37,102	9,307,124	
7	71,203	42,736,580	9,301,742	195,864	-9,658	
8	149,586	3,902,417	9,856	74,258,360	71,203	
9	74,265,830	5,869	23,701	3,904,271	186,495	
10	9,307,124	12,307	164,958	5,986	42,765,830	
11	50,891	5,638,109	4,672	13,950,274	842,736	
12	827,364	7,624	10,985	5,619,308	39,140,572	
13	13,950,274	90,518	836,427	-7,642	6,581,903	
14	6,581,903	873,642	91,320,475	80,159	2,674	
15	4,267	39,140,572	6,593,801	864,273	50,891	
16	968,042	97,025	85,724,136	6,134	3,104,579	
17	78,546,321	982064	3,109,758	52,074	3,641	
18	3,108,579	57,813,462	6,341	946,028	-29,057	
19	6,413	1,305,987	75,092	78,561,243	968,042	
20	29,057	4,163	924,086	1,307,859	57,832,614	
答数						加50分

活动3　计算器计算技能——传票算

知识驿站

传票算的由来

银行传票是一种会计凭证。会计凭证是记录经济业务，明确经济责任的重要凭证，是办理资金收付和登记会计账簿的根据，也是核对账务和事后考察的重要依据。当银行的会计凭证作为记账凭证使用的时候要在银行内部进行传递，因此，记账凭证又被称作"传票"。

一、计算器调整

一般来说在初次使用时，根据计算器的功能键，结合自己工作的需要一次调整好。如果使用电脑小键盘计算的无须调整。主要调整的键有：四舍五入键、保留小数位数键、统计计算笔数键、清零键、不连加连减键等。

二、传票整理

（1）蹾齐：双手拿起传票侧立于桌面蹾齐。

(2) 开扇：左手固定传票左上角，右手沿传票边沿轻折，打开成扇形，扇形角度约20°至25°（详见图2-17）。

(3) 固定：右手用夹子固定左上角，防止翻打时散乱。

图2-17 开扇的方法

> **小贴士**
>
> 注意事项：开扇角度不要太大或太小。太大不好控制已经翻完的传票，不易翻传票；太小容易连张，漏打传票，最终影响计算速度。

三、传票翻打

(1) "按"：左手小指、无名指和中指按住传票的左下端。

(2) "翻"：左手大拇指逐页翻起传票，并交给中指和食指夹住。

(3) "两个协调"：(1) 翻打时，左右手要协调；(2) 翻打时，眼脑手要协调。

教你一招

先翻一步，眼比手快，手脑并用，看比按快（见图2-18）。

左右手协调：左手翻传票时，右手直接将传票上的数字敲入计算器。

眼脑手协调：左手翻开传票时，眼睛应迅速看完上面的数字，大脑同步记住数字，右手连续不断地将此行数字敲入计算器。确保右手未打完当前页数时，左手已经翻到下一页，保持动作流畅。

图2-18 动作协调

四、写答案

(1) 翻打完传票后,按"＝"键,显示屏上呈现最终结果。
(2) 右手拿笔迅速抄写答案。要求:一眼成、一笔清。
(3) 注意书写工整、清晰;分节号、小数点标记规范;当答案是整数时,角分位应补"0"。

> 小贴士
>
> 用笔放置适当,以便拿放。练习盲打时,头部不要左右摆动。最好目视传票,右手盲打。

五、传票算基本功实训

1. 翻页训练

盲翻:指在整理好扇面后,左手压住传票,不看票面,从第1页连续向后翻动传票,直到最后一页为止,时间不得超过1分钟。

【课堂练习2-6】2人对练,看谁翻得快。

【课堂练习2-7】集中训练,在一定时间内看谁翻的页数多。

2. 找页训练方法

【课堂练习2-8】老师报页数,学生找页。

【课堂练习2-9】2人对练,一位同学报页数,另一位同学找页。

【课堂练习2-10】集中训练:给出40道题,学生同时找40道题的起始页,看谁找得既快又准,教师为完成的同学报时。

3. 翻页读数训练

翻页读数训练同账表算的读数训练有所不同的是,账表算是一笔一笔读数,而传票算是翻一页读一笔数字。

【课堂练习2-11】以百张传票为一个单元,翻一页读一笔数字,注意动作的衔接,使时间缩到最短。

【课堂练习2-12】翻页读数比赛:用百张传票做翻读练习,翻一页读一笔数字,再翻到下一页读同一行数字,在规定时间内看谁翻读得更快。

4. 翻打百张传票算

练习翻打百张传票,可以先计算第1—50页,接着再计算第51—100页,分别按这种顺序运算每行数字,最后再计算第1—100页的合计,主要目的是训练翻页和数字输入时眼脑手的协调配合,提高运算效率。

六、传票算综合实训

1. 比赛传票题型

命题原则：比赛传票题每题 20 页，20 笔数字，约 110 个数字；百页传票 100 笔数字，550 个数字，数码均衡出现。

出题方法：（1）起止页：首页小于 82，止页 = 首页 + 19；（2）行数：每 5 题一组，依次按一、二、三、四、五均衡出现（见表 2-3）。

表 2-3

序　号	起止页数	行　次	答　案
1	44—63	（二）	
2	28—47	（四）	
3	23—42	（五）	
4	1—20	（一）	
5	69—88	（三）	
6	55—74	（二）	
7	38—57	（三）	
8	29—48	（四）	
9	76—95	（五）	
10	3—22	（一）	
11	30—49	（二）	
12	27—46	（三）	
13	4—23	（四）	
14	26—45	（五）	
15	35—54	（一）	

2. 传票练习方法

【例 2-5】（1）定量不定时练习。

1—20 页（一）行　答案：

1—20 页（二）行　答案：

1—20 页（三）行　答案：

41—60 页（一）行　答案：

41—60 页（二）行　答案：

41—60 页（三）行　答案：

（2）定时定量练习。

见上表中 15 道比赛题。

活动 4　计算器计算技能——票币算

知识驿站

票币计算是指收银员在交班时要填写"现金交款单"。要求填写各种币值、张数，计算总计金额，然后再和实际收入金额核对。如前者多则说明出现短款，如后者多则说明出现长款，如两者一样则当天的账实相符。这实际上属于"滚乘累加"的计算，在票币计算器上可以用两种方法实现。

一、用"GT"键

视频 22　票币算

具体操作程序：循环按"被乘数×乘数＝"四项键，直到所有面额的数值都输入，最后按"GT"键调出合计金额。

操作：（AC）100×21＝50×13＝20×9＝10×34＝GT　显示：3270

二、"M＋"和"MRC"键

具体操作程序：循环按"被乘数×乘数（M＋）"四项键，直到所有面额的数值都输入，最后按"MRC"键调出合计金额。

操作：（AC）100×21（M＋）50×13（M＋）20×9（M＋）10×34（M＋）"MRC"
显示：3270

如表 2－4 所示。

表 2－4　　　　　　　　　　票币计算

班级_____　姓名_____

第1题		第2题		第3题		第4题		第5题	
面值	张数	面值	张数	面值	张数	面值	张数	面值	张数
壹佰元	56	壹佰元	15	壹佰元	98	壹佰元	15	壹佰元	14
伍拾元	96	伍拾元	36	伍拾元	85	伍拾元	76	伍拾元	65
贰拾元	85	贰拾元	45	贰拾元	16	贰拾元	44	贰拾元	66
壹拾元	46	壹拾元	93	壹拾元	45	壹拾元	48	壹拾元	52
伍元	33	伍元	15	伍元	73	伍元	69	伍元	31
贰元	32	贰元	36	贰元	50	贰元	52	贰元	85
壹元	63	壹元	53	壹元	22	壹元	12	壹元	95
伍角	63	伍角	52	伍角	26	伍角	36	伍角	63
贰角	61	贰角	40	贰角	25	贰角	35	贰角	6
壹角	50	壹角	50	壹角	49	壹角	21	壹角	32
伍分	33	伍分	22	伍分	25	伍分	45	伍分	12
贰分	32	贰分	23	贰分	36	贰分	36	贰分	36
壹分	50	壹分	25	壹分	14	壹分	32	壹分	54
合计		合计		合计		合计		合计	

活动 5 银行柜员基本操作技能

活动导入

前台柜员负责直接面向客户的柜面业务操作、查询、咨询等；后台柜员负责无需面向客户的联行、票据交换、内部账务等业务处理及对前台业务的复核、确认、授权等后续处理。独立为客户提供服务并独立承担相应责任的前台柜员必须自我复核、自我约束、自我控制、自担风险；按规定必须经由专职复核人员进行滞后复核的，前台柜员与复核人员必须明确各自的相应职责，相互制约、共担风险。

一、银行柜员的工作职责

（1）对外办理存取款、计息业务，包括输入电脑记账、打印凭证、存折、存单，收付现金等。

（2）办理营业用现金的领解、保管，登记柜员现金登记簿。

（3）办理营业用存单、存折等重要空白凭证和有价单证的领用与保管，登记重要空白凭证和有价单证登记簿。

（4）掌管本柜台各种业务用章和个人名章。

（5）办理柜台轧账，打印轧账单，清理、核对当班库存现金和结存重要空白凭证和有价单证，收检业务用章，在综合柜员的监督下，共同封箱，办理交接班手续，凭证等会计资料交综合柜员。

在信息时代，随着电脑的日益普及，各金融企业越来越依靠电脑及相配套软件系统来为顾客提供优质服务，银行柜员履行工作职责无论是在对外办理存取款业务，还是对内清算都需要将业务数据录入电脑记账、对账，可见银行柜员小键盘数字录入水平对提高金融业服务质量有着多么重要的作用。

二、银行柜员基本操作技能

下面我们以个人活期储蓄存款开户业务为例，了解银行基本操作技能。

1. 个人活期储蓄存款开户业务流程

业务流程：迎接客户→受理→审核→点钞→入箱→录入→出折→打印→盖章→签名→交还→送别客户→凭证整理

个人活期储蓄存款开户业务流程详见图 2-19。

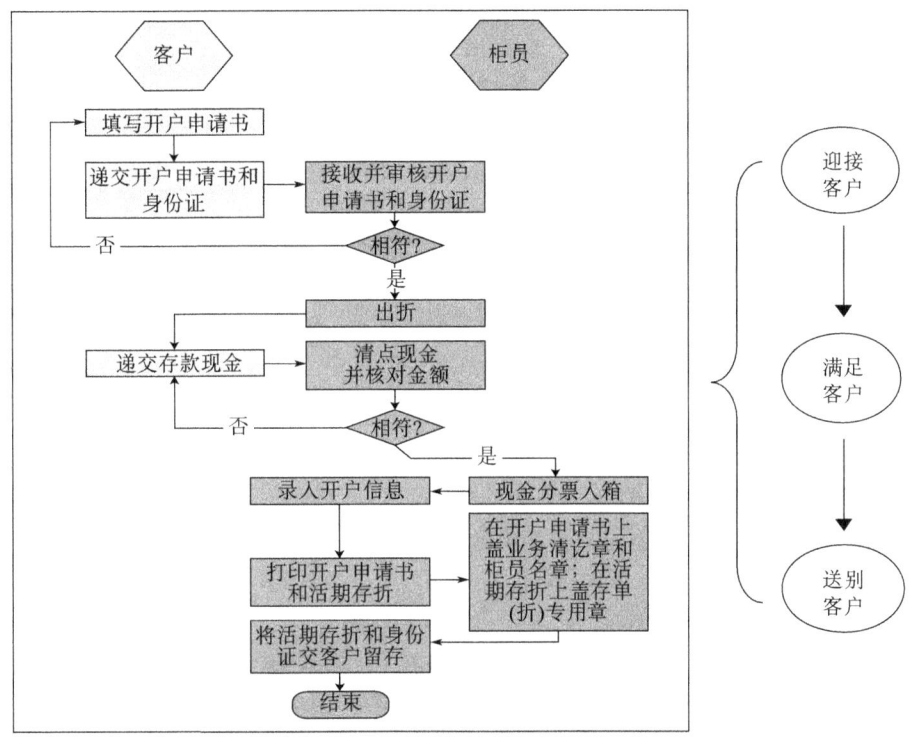

图 2 – 19　个人活期储蓄存款开户业务流程

2. 系统操作演示

（1）操作 1——开普通客户，见图 2 – 20。

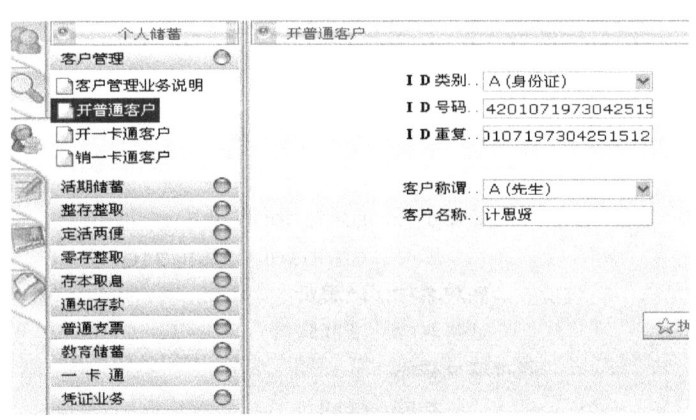

图 2 – 20

（2）操作 1——开普通客户完成界面，见图 2 – 21。

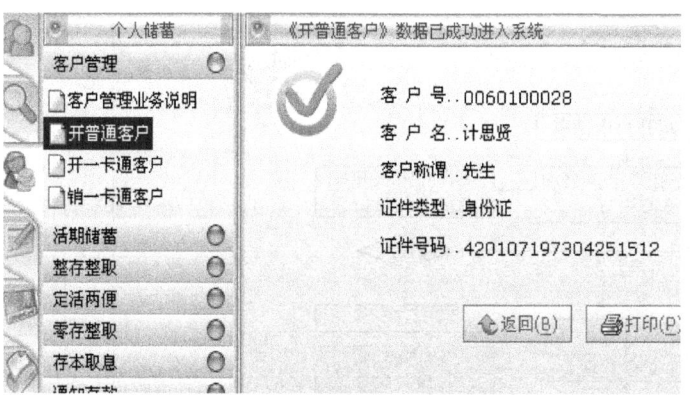

图 2 - 21

(3) 操作 2——开普通活期户,见图 2 - 22。

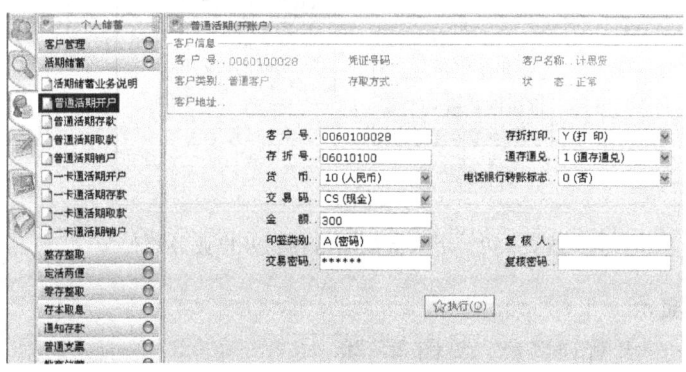

图 2 - 22

(4) 操作 2——开普通活期户,见图 2 - 23。

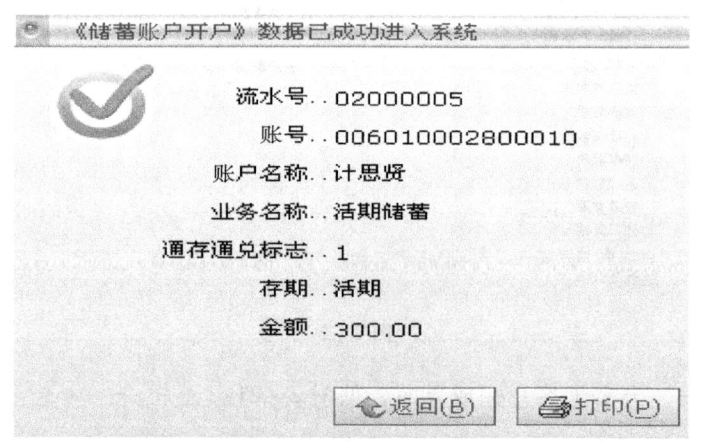

图 2 - 23

观察与思考:同学们对以上个人活期储蓄存款开户操作流程有什么感想?

结论:整个储蓄开户程序里面,银行柜员最重要的基本操作技能就是在电脑上熟练运用银行操作系统软件录入业务数据，如顾客的姓名、身份证、日期、金额等。

三、在银行柜面业务中准确迅速地录入数据

在银行柜面业务中收付款时，首先要求注意力高度集中，然后按照业务类型的流程规范操作，最后要养成唱收唱付、复核的好习惯。

（1）收款时先询问顾客存款额，再清点后录入，即边看点钞机屏幕上显示的金额数字，嘴上边同时向顾客唱收，再迅速按键、打单、签字等。

（2）付款时首先询问顾客取款额；然后先清点钞票后录入，即边看点钞机屏幕上显示的金额数字，嘴上边同时向顾客唱付，再迅速按键、打单、签字、付款、返还存折及银行卡等。

（3）复核票据时，两手的动作均可慢一些，练习一段时间后，应左右手同时提高速度。翻打票据时左手翻页时，眼睛迅速看数，大脑快速记数，右手连贯录入计算器，要做到手、眼、脑协调配合，运算快速准确。

实训　银行柜面开户业务录入技能训练

实训目的：准确快速地进行银行柜面开户业务数据录入。
实训要求：
（1）在实训室配备电脑及安装相应的模拟银行软件系统；也可以安装五笔打字软件，通过"自选文章"导入银行柜面开户业务数据。
（2）注意力高度集中，手、眼、脑协调配合。
（3）中文打字可以用五笔或拼音输入法。
实训时间：本项目训练时间每日须不少于30分钟。
实训形式：
（1）基本练习。
按照实训1的要求进行盲打综合训练。
（2）综合业务训练（需安装软件）。
首先进入相应的训练系统，导入训练数据；然后系统自动计时训练；训练结束后系统自动评定成绩；最后由老师记录训练成绩。图2－24是储户开户资料录入综合训练的界面，它包括以下录入内容：①姓名/单位名称；②账号；③身份证号；④金额；⑤储种；⑥账户类别；⑦地址等。

（3）训练素材。

中信；personal；汪楠；7381110192015487362；420103195508145112；RMB；5432.21；10；现钞；60；岐山路汉柳街4号；

中信；english；PITER WHITE；7381511493148736210；4226011960012022226；USD；49872.13；43；现钞；24；菜园商检局大院189号六楼；

图 2-24

中信；enterprise；武汉圆通汽车有限公司；7381410182600784962；4025321437698203；RMB；10000000.00；10；现钞；99；武汉经济技术开发区工业园68号；

中信；personal；范春魁；7381011392045628937；421083198901111629；HKD；10.00；67；汇户；60；汉口世贸大厦222号；

中信；english；GUANGZHOU TOYOTA AUTO LTD；7381911493100789265；4200000001603；USD；500000000.00；10；国内外币账户；99；广州市解放公园路50-1栋1楼9号；

中信；enterprise；上海良田美园饮食娱乐股份有限公司；7381511482600456782；6087435268236225；USD；1800000.00；10；汇户；89；上海黄浦路楚风阁2楼B座5单元；

中信；personal；魏仁杰；7381810192000743625；420923830901564；RMB；46273.25；48；钞户；60；汉阳区水仙路永乐乡3组89号；

中信；english；HUBEI RICH SCHOOL；7381611393148739671；42196211043152；HKD；300000.00；56；汇户；99；黄石区复兴路襄阳街12号3楼A座；

中信；enterprise；神龙汽车有限公司宝山销售服务分公司；7381610182600234356；4023568912347892；RMB；5000000.00；48；临时；60；上海市宝山区龙阳大道9号；

中信；personal；陈小路；7381911493100874561；420621198302252801；USD；3689643.52；43；汇户；12；建设大道全民路城建宿舍大院B栋31-1楼；

中信；english；GUESS VITIU HOOTHLE YOKY CITIC；7381610292004523169；

42000014236808；RMB；88888188.00；98；现钞；99；市中区中心大厦 4-7 号；

中信；enterprise；钨江山村预制构件厂；7381010182204326547；7823561002013567；RMB；54329873.21；10；现钞；99；巫山镇吉祥里 688 号；

中信；personal；张羌；7381010192010262769；420984198612120769；RMB；2.01；47；活期；24；武汉市东西湖镇安山村 56 号；

中信；english；KITTLE GU；7381010192010261856；42010619840321044X；RMB；568237.59；10；活期；48；华山经济开发区才华街 102-1-7-A 号；

中信；enterprise；华源电力集团股份有限公司建筑分公司；7381810182200002945；6088056358462591；RMB；3000000.00；23；钞户；48；江苏省射阳县合德镇红旗西路 2 号；

中信；personal；管汉春；7381411393100274611；420113197812160016；HKD；4896752.00；10；定期；36；常青花园城乡建设公司内；

中信；english；JIANGSU STEEL SERVER LTD；7381010182203963317；42010609273614；GBP；10000000.00；42；活期；48；南京市青山区工商局大院内 317 号；

中信；enterprise；大枫叶纸业（集团）股份有限公司；7381810182100001417；4022056871284637；RMB；3200000.00；10；活期；60；西赛区青年大道特 8 号；

中信；personal；张漫丽；7381010192010261622；420104620410041；RMB；600000.00；10；钞户；60；江岸区太平街 81 号 2 楼 7 号；

中信；english；PENG ZHONG MING；7381210192004456521；420111197311060524；EUR；1444.02；76；现汇；60；武昌民权路 199 号 C 栋五楼；

中信；enterprise；武汉市泰兴糖酒副食品有限公司；7381610182200006286；8084562378925461；RMB；9889995.43；10；活期；10；西洋镇黄沙地村；

中信；personal；杨尊敏；7381215192000001198；42020319661112333X；EUR；300000000.00；42；钞户；40；北京海淀区百事可乐有限公司；

中信；english；ZHENG ZHOU；7381011393100032142；420106197001010631；HKD；20000.00；42；钞户；03；黄浦区中山大街 71 号 3309 室；

中信；enterprise；宋城娱乐设备制造有限公司；7381010182600732659；42010000076492；RMB；2000000.00；10；汇户；99；黄桥镇广安大街 437-7 号；

中信；personal；余新乐；7381010192010260942；133025197410286621；RMB；585.11；10；现钞；48；湖北省孝感市花园镇桥西 65 号；

中信；english；ZHONG KAILI；7381011293300041285；440407850203511；GBP；3046.58；10；现钞；00；华中科大东区 26 栋 3011 室；

中信；enterprise；南环前门环保器材厂；7381010182132764175；33010000004637；RMB；670000.00；20；临时账户；99；前门大街五巷三弄 4921 号；

中信；personal；杜修华；7381115192002746041；420106197203013615；EUR；10.40；10；钞户；60；冬菜院 134 号；

中信；english；PATTING SONG；7381110192000032147；G42006395；RMB；726364.39；10；钞户；36；南巷花园里 568-1 号；

中信；enterprise；江汉法门工商咨询有限责任公司；7381010182600752167；420100000005876；RMB；112000.00；50；基本账户；97；建设大道 747 号；

中信；personal；徐红梅；73814114920027470216；42010519771212242X；USD；10.00；56；活期；60；吉祥里29-61-3-1号。

活动 6 超市收银员基本操作技能

活动导入

超市收银员每天的工作涉及现金及银行卡等多种支付方式，首先要将顾客所购买的商品条形码通过小键盘录入收银机，结算出顾客所购商品的总金额，然后再收取顾客现金等结算，再打印购物小单找零，最后装袋、欢送顾客。

一、收银台工作程序

收银台工作程序是前台当班、前台收款、商品入袋、前台交班，前台收款是收银员一天的最主要工作，目前现金收银是最主要的结算方式，其业务操作流程见图 2-25。

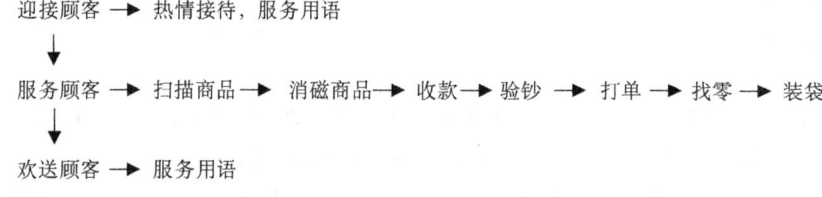

图 2-25 现金收银业务操作流程

观察上述流程，我们发现扫描商品和收款结算涉及需要用小键盘录入数字，所以作为收银员应该不断提高小键盘数字录入的水平，减少顾客结账等待的时间，以优质服务满足顾客的需要。

二、收银员基本操作技能

知识驿站

条形码是在商品上由一组宽度不同、平行相邻的条和空按一定的规则组合起来的符号（见图 2-26），来代表一定的字母、数字的信息，通常颜色是黑白的。它将商品信息数码化，使计算机能够读取和处理，以达到识别不同商品的目的。

图 2-26 条形码

1. 商品条形码录入的技能

在收银员的各项操作技能中，商品条形码录入属于基本技能，它有人工录入（图2-27）和机器扫描（图2-28）两种录入方式。人工录入是指利用收银机小键盘将8位或13位条形码录入，而机器扫描是指利用扫描仪将商品条形码录入收银机。机器扫描速度快、准确性高，所以在通常情况下，收银员采用机器扫描，但当条形码无法用机器扫描时（如条形码损坏），只能采用人工方式录入。

图2-27　人工录入

图2-28　机器扫描

2. 前台收款结账的流程

超市收银员获得授权后，便可以输入工号、密码进入超市收银系统进行收银结账工作，前台收银的界面见图2-29所示。前台收款的基本流程见图2-30。

图2-29

扫描商品→消磁商品→收款→验钞→打单→找零→装袋

图 2 - 30

3. 在超市柜台收银业务中快速录入商品条形码

收银员想提高商品扫描的速度,首先要熟悉一般商品的条形码印刷的位置,其次保持印有条形码包装面平整,然后将条形码正对着扫描器或扫描枪。如果是人工录入商品条形码则还要练好快速看数、记数及盲打的基本功。快速地录入商品条形码是提高收银速度、衡量收银员工作素质的重要指标。

【课堂练习 2 - 13】利用收银机小键盘录入以下商品条形码,见表 2 - 5。

表 2 - 5

商品条码	商品名称
6914568987788	庐山牌香烟
6925498732054	品客薯片
6927958215488	大白兔奶糖
6935487984444	黄鹤楼白酒
6925448777776	屈臣氏面膜粉
6915546833355	碧浪洗衣粉
6925587773494	怡景纯净水
6915432133269	利群牌香烟
6923414446799	舒蕾洗发水
6914687933974	顺爽洗发水

实训 手工录入商品条形码技能训练

实训目的:训练准确快速地进行手工录入商品条形码操作。

实训要求:

(1) 在实训室配备收银机及安装相应的模拟收银软件系统;也可以利用翰林提学习机训练。

(2) 注意力高度集中,手、眼、脑协调配合。

(3) 每分钟录入 8 个条形码(13 位)合格。

实训时间：本项目训练时间每日须不少于30分钟。

实训形式：

1. 盲打综合练习

按照本模块实训1的要求进行盲打综合训练。

2. 手工录入商品条形码技能训练（需安装软件）

进入相应的训练系统后，导入训练数据；然后按要求进行小组训练；训练结束系统自动评定成绩；最后由老师记录训练成绩。

要求：（1）老师统一导入训练数据或统一提供每个商品的零售价等信息（见【实训材料】，假设每件商品进价1.5元、零售价2元），学生自己先在后台建立商品档案。

（2）定时不定量训练方式：在规定时间内（例如：10分钟），由学生采用手工录入商品条形码，看谁结账速度快、服务质量好。

（3）定量不定时训练方式：规定完成扫描商品的数量（例如：20件商品），由学生采用手工录入商品条形码，看谁结账速度快、服务质量好。

实训考核：

教师在小组训练测试的基础上进行考核评分，计入表2-6。

评分标准：

（1）满分100分，按照遵循装袋原则、熟练程度、装袋技巧运用和服务态度四个方面打分。每个项目各25分，各项评为优秀者可得到该项分值的90%—100%；评为良好者可得到该项分值的80%—90%；评为合格者可得到该项分值的60%—80%；评为不合格者该项分值在60%以下。

表2-6　　　　　　　　　　　　考　核　表

评分项目	优秀（22-25分）	良好（20-22分）	合格（15-20分）	不合格（0-15分）	小计
总体熟练程度					
装袋技巧运用					
收款准、快					
服务态度					
总分					

（2）总体熟练程度：完成十件商品售卖、结算及装袋所用时间约60秒钟左右，用时大于60秒为不合格；50至60秒为合格；40至49秒为良好；40秒以内为优秀。

（3）装袋技巧运用：遵循安全、便利、正确、妥当、高效、节约的原则与技巧，十件商品20秒以上完成为不合格，15至19秒为合格；10至14秒为良好；10秒内完成为优秀。

（4）收款准、快：收款、点钞、验钞、打单、找零不出差错，且20秒以上完成的为不合格；19至20秒完成的合格；15至18秒完成的为良好；15秒内完成的为优秀。

（5）服务态度：根据站立服务、唱收唱付、微笑服务等三个要素打分，服务规范、文明服务、普通话标准的评为优秀；有两个要素做得较好可评为良好；仅有一个要素做得好的评为合格；三个要素都未做好的评为不合格。

实训材料

 监利粮酒米香型46度180
6933002000072

 黑牛维他豆奶粉600g
6933075100082

 黑牛高钙豆奶粉600g
6933075100099

 黑牛中老年豆奶粉600g
6933075100105

 黑牛核桃燕麦片680g
6933075101928

 黑牛燕麦片礼盒880g
6933075102000

 黑牛牛奶燕麦片880G
6933075102963

 黑牛中老年燕麦片880G
6933075102970

 黑牛元宝麦片礼盒1000g
6933075103038

 人和麦片礼盒1000g
6933288400283

 人和营养糊双福礼盒100
6933288400306

 金枝大曲1800ml
6933395800358

 龙坞特级碧螺春50g
6934537100015

 龙坞A-099雨前龙井茶250g
6934537100114

 龙坞明前碧螺春250g
6934537100268

 龙坞100G特级高山毛尖
6934537101104

 龙坞75G特级高山毛峰
6934537101111

 龙坞100G茉莉特级花茶
6934537101166

 龙坞100G茉莉毛尖
6934537101180

 龙坞100G茉莉春毫
6934537101210

 海新泡吧消化饼(蔬菜)11
6934928000993

 海新泡吧消化饼(碘盐)11
6934928001020

 海新泡吧消化饼(芝麻)
6934928001037

 劲旺怪味豆500g
6935258900052

 劲旺美国开心果150g
6935258900106

 劲旺笑口松子150g
6935258900137

 劲旺怪味豆150g
6935258900144

 劲旺玉带豆150g
6935258900502

 劲旺开心果450g
6935258900601

 劲旺黄金豆128G
6935258966669

 劲旺黄金片108G
6935258966676

 大骨面大骨海带105G
6935270601753

 白象大骨面香辣猪骨102
6935270601852

 白象大骨面原汁猪骨103
6935270601869

 白象大骨面大骨鸡汁105
6935270603344

 白象大骨面香辣牛骨105
6935270603351

 旺仔牛奶糖62g
6936003512230

 旺仔牛奶糖126g
6936003512247

 绿叶小虾条70g
6936513600120

 人和牛奶营养麦片680g
6936892400076

 人和藕粉礼盒1000G
6936892400205

 人和中老年牛奶麦片100
6936892400212

 汉口精武鸭颈（休闲）
6937359500056

 汉口精武鸭掌（精包）
6937359500223

 汉口精武鸭胗（精包）
6937359500261

模块三
微机翻打传票技能与实训

知识目标

1. 掌握传票翻页的方法。
2. 掌握看数与记数的方法。

能力目标

1. 熟练掌握传票翻页的技巧。
2. 培养微机翻打传票时眼、脑、手的综合协调能力。

情感目标

培养学生对数字的敏感性，增强对金额数字录入的责任感。

任务1 准备工作

任务描述

微机翻打传票是以微机数据录入为基础的，掌握正确的数据录入方法，才能使翻打传票的操作达到快而准的要求；而熟练掌握了翻打传票的方法，又能促进录入水平的快速提高，它们是相辅相成和互相促进的。

微机翻打传票比微机数据录入的难度提高了许多，它要求学生不但要具备较高的数据录入的速度和准确率，而且要具有一定的综合协调的能力。微机翻打传票是全国会计技能比赛的正式项目之一，因此，会计专业的学生们应熟练掌握此项技能。

传票翻打，也称为传票算，是指在经济核算过程中，对各种单据、发票进行汇总计算的一种方法。它一般采用加减运算，是加减运算在实际工作中的具体应用，可以为会计核算、财会分析、统计报表提供及时、准确、可靠的基础数字，是财经工作者必备的一项基本功。2011年被列入全国会计技能比赛的正式项目。本章节重点讲解加法运算翻打传票。

进行微机传票翻打，除熟练运用微机进行正确的数录入方法外，还应掌握盲打、整理、摆放、找页、翻页、数页等基本功。

活动 1　认识传票

一、传票的概念

传票是指银行的会计凭证（如图 3-1）。会计凭证是记录经济业务，明确经济责任的重要凭证，也是办理资金收付和登记会计账簿的根据，也是核对账目和事后考查的重要依据。

银行的一笔业务往往要经过经办、授权、复核等多个岗位，或网点、专业科室、事后监督等多个部门处理，而银行的每一笔业务都是根据同一张会计凭证进行账务处理的，会计凭证要在这些岗位和部门间按规定进行传递，因此会计凭证又叫做"传票"。

建设银行进账单（回单）　1

年　月　日　　　　　　　　　　　XV 00647959

付款人	全　称		收款人	全　称	
	账　号			账　号	
	开户银行			开户银行	
金额	人民币（大写）			亿千百十万千百十元角分	
票据种类		票据张数		（交银行后视为已盖章）　开户银行盖章	

此联是开户银行交给持（出）票人的回单

图 3-1　建设银行进账单

二、传票的种类

我们教学与训练所使用的传票本共分为两种。

第一种是订本式传票，是在传票的左上角装订成册，一般在练习和比赛中使用。

第二种是活页式传票（见图 3-2）。这种传票更接近实际工作，全国会计技能比赛就是使用这种活页式传票。

> **知识驿站**
>
> 会计凭证，特别是原始凭证，是具有法律效力的。如果因遗失会计凭证而造成银行与客户之间的经济纠纷，银行要承担相应的法律责任。因此，在业务操作中要十分注意凭证使用的安全，养成"操作时证不离手，操作完及时归档"的好习惯。

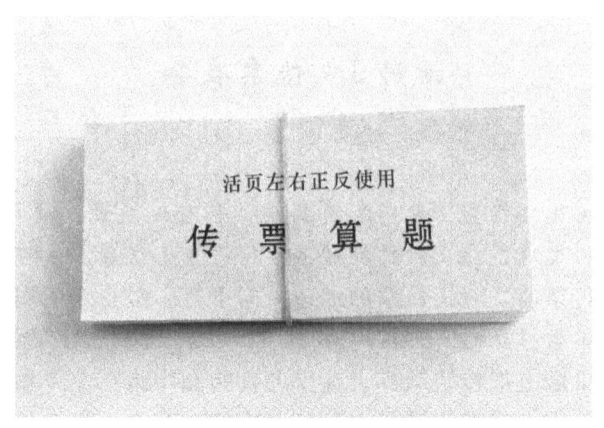

图 3-2 活页式传票

活动 2 工具定位

"工欲善其事,必先利其器",进行微机翻打传票除了保持正确的坐姿和手型外,还应强调桌面用品摆设定位,使手、小键盘(或计算器)、传票三者融为一体,自然和谐(见图 3-3),具体要求如下:

(1)键盘放置在桌面略靠右侧,以小键盘区域恰巧在右手下方为宜,食指、中指、无名指各落在"4""5""6"基准键上。

(2)传票放置键盘下方左手边。

(3)记录纸张放在传票的下方,笔放在键盘的下方,右手能方便拿到。

(4)调整键盘与传票的位置,以左翻右击协调舒适为宜,养成"工具定位"的好习惯。

图 3-3

【课堂练习】学生按以上"工具定位"要求进行桌面摆放练习。

活动3　传票准备

活动导入

传票在翻打前,首先要检查传票是否有错误,如有无缺页、重页、数码不清、错行、装订方向错误等,一经发现,应及时更换传票,待检查无误后,方可开始进行开扇。

在进行微机翻打传票前,应把传票的上边沿向下打开呈一定的扇面,以方便翻页。打开扇面的方法很多,本教材介绍一种常用方法。

第一步:捏。在桌面上把传票蹾齐,左手的食指和中指在左下角背面、拇指在传票左下角正面捏住传票,右手大拇指在传票右侧正面中间,其余手指在传票右侧背面中部捏住传票(见图3-4)。

第二步:折。用左手固定传票左下角,中手捏紧传票,把传票上方的边沿向对角线方向折,注意要将传票上方的边沿向对角线方向折的深度是不一样的,左边折得浅右边折得深(见图3-5)。

图3-4

图3-5

> 💗 **小贴士**
>
> 传票上方的边沿应向对角线方向折,不是将传票的右半部分向下折,也不是将传票的右半部分向左边对折。

第三步:开扇。左手捏住传票的三个手指感觉到左下角的小扇面打开了,捏紧小扇面,右手同时把传票折回去,感觉到传票背面靠左下角的地方隆起时把右手放松,但注意不能放开,传票上下边沿的扇面就打开了(见图3-6)。

第四步:固定。开扇后用铁夹夹住传票左上角固定传票,以便于翻打。

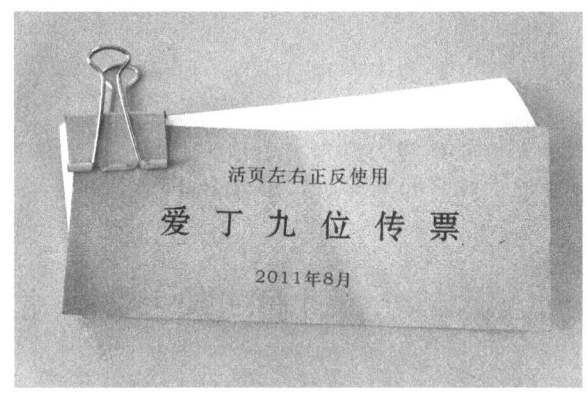

图 3-6

> 小贴士
>
> 打扇面的动作要快,在几秒钟之内完成,打开的扇面要均匀,打开的角度要控制在 25°—30° 为宜。角度太大(如图 3-7),翻打时手指夹不住传票,角度太小(如图 3-8),打开的扇面比较小,容易一次翻多页"夹张"。

图 3-7

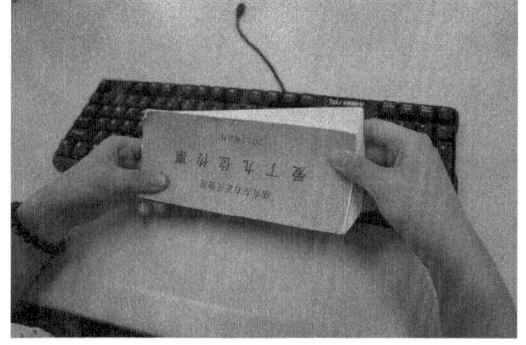

图 3-8

实训 开扇训练

实训目的:双手迅速开扇,扇面均匀。

实训要求:

(1) 开扇时,要使每张传票页均匀地自然松动,不能出现粘在一起的情况。

(2) 扇面打开角度合适,不得过大或过小。

实训时间:开扇训练时间不少于 10 分钟。

实训过程:

(1) 蹾齐传票。

(2) 捏住传票。
(3) 折传票。
(4) 开扇练习。

由教师读秒"1、2、3",学生进行开扇,三秒钟之内须完成一本传票的开扇。

同座两位同学互相竞赛,同时开始开扇,看谁先打开扇面。

任务 2　传票翻页的方法

任务描述

传票翻页是传票翻打的基础,只有左手能准确、连贯、快速地翻开传票,才能顺畅地进行传票翻打录入。

活动 1　拇指翻页法

拇指翻页法是指用拇指掀起传票翻页的一种比较常用方法,此种方法适用于纸质相对较硬的传票本。

1. 准备姿势

第一步:双手将打开扇面的传票放置桌面,左手的中指、无名指、小指并拢弯曲(见图 3-9)。

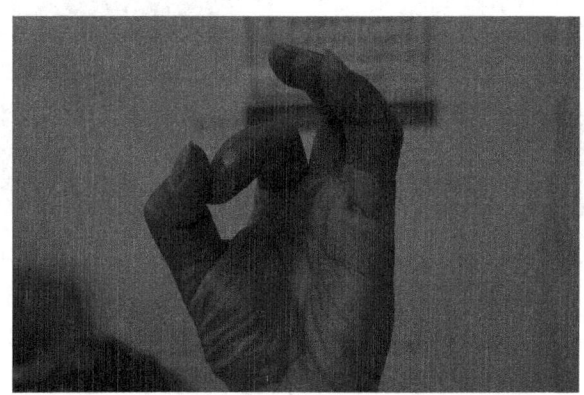

图 3-9

第二步:将左手中指、无名指、小指放置在传票中间偏左的位置(见图 3-10)。

模块三 微机翻打传票技能与实训 | 71

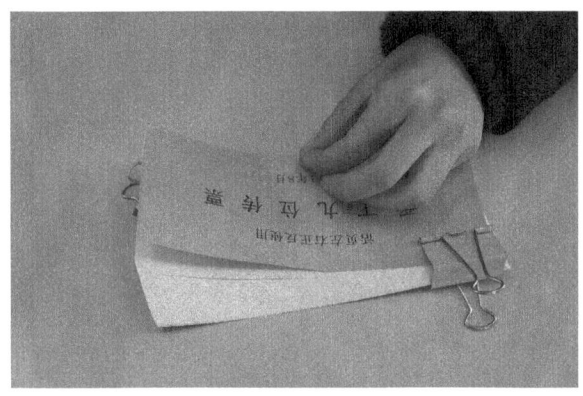

图 3-10

第三步：用拇指指肚隆起的最高部分掀起第一页传票准备翻页（见图 3-11）。

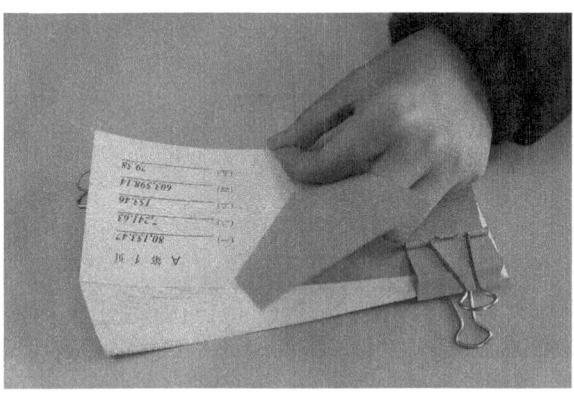

图 3-11

2. 初学者可将翻页动作分解为五步

第一步：用拇指指肚凸出部分在传票的边沿掀起传票（见图 3-12）。

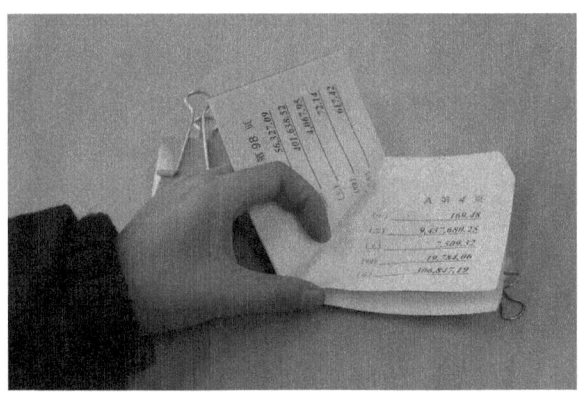

图 3-12

第二步：拇指第一节指节弯曲将传票向左侧翻压（见图 3-13）。

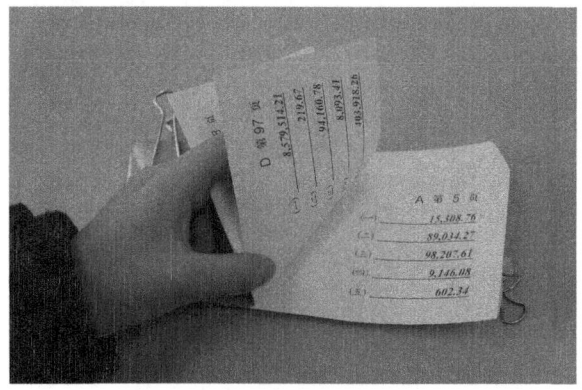

图 3-13

第三步:食指弯缩接过传票并与中指夹住(见图 3-14)。

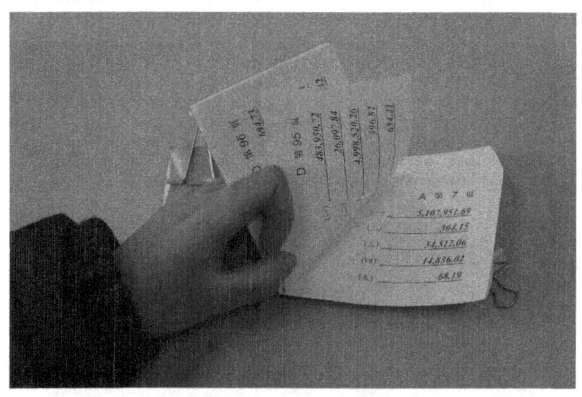

图 3-14

> **小贴士**
>
> 食指在移至下页传票页时应弯曲着移动,不能伸直。

第四步:拇指下至下一页传票边沿重复第一步动作(见图 3-15)。

图 3-15

视频 23 传票算
拇指翻页法

> 小贴士
>
> 传票翻页时手指翻动的幅度切忌过大,控制到能看清传票上的五行金额数字为宜,以提高翻页的速度。

活动 2　食指单捻翻页法

食指单捻翻页法是指用食指翻开传票的方法,由于它翻动时页面比较大,适用于金额在传票左侧或传票纸质薄的传票本。

1. 准备姿势

准备姿势与"拇指翻页法"基本相同,只是三个手指弯曲后压的部位不同,压在传票左侧下半部分的边沿,然后用拇指在左下角抬起部分传票即可(见图 3-16)。

图 3-16

2. 翻页动作分解为五步

第一步:食指沾甘油后用第一节指肚靠近指尖的部分捻传票,将第一页传票向左上方掀起,使翻过的页自然向左上方倾倒(见图 3-17)。

图 3-17

第二步：食指迅速弯缩放开已翻过去的传票，移至下一页继续捻传票，同时手指左侧和中指夹住已翻过去的传票（见图 3-18）。

图 3-18

 小贴士

食指在翻页时容易因皮肤干燥而捻不起传票页，这时应准备装有甘油的海绵缸。

活动 3　食指辅助拇指翻页法

食指辅助拇指翻页法是指通过拇指和食指配合来翻动传票的方法，由于它速度较慢，适用于金额居于右侧、纸质相对较薄的传票本。

1. 准备姿势

准备姿势与"拇指翻页法"基本相同，只是拇指在准备翻页时，食指需在传票边沿处辅助拇指。

2. 翻页动作分解为五步

第一步：拇指和食指捏住传票向左翻（见图 3-19）。

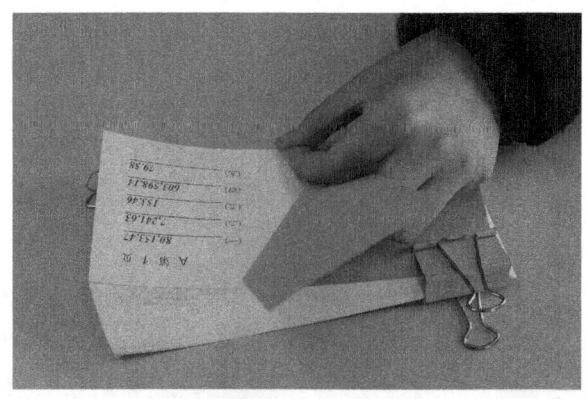

图 3-19

第二步：食指向下、向手掌心方向弯缩放掉传票（见图3-20）。

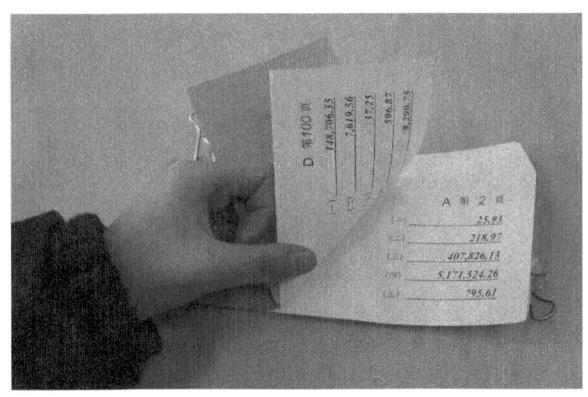

图 3-20

第三步：食指从传票的下方下到第二页传票的边沿，同时拇指顺势将翻过去的传票往下拉至食指与中指的第三节指节，方便夹住传票（见图3-21）。

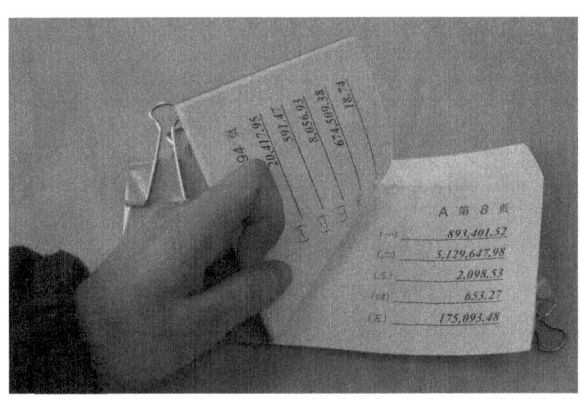

图 3-21

第四步：拇指下到第二页传票的边沿，用指肚掀起下一页传票，同时食指指尖轻轻划一下传票，协助拇指掀起传票，避免连翻两页（见图3-22）。

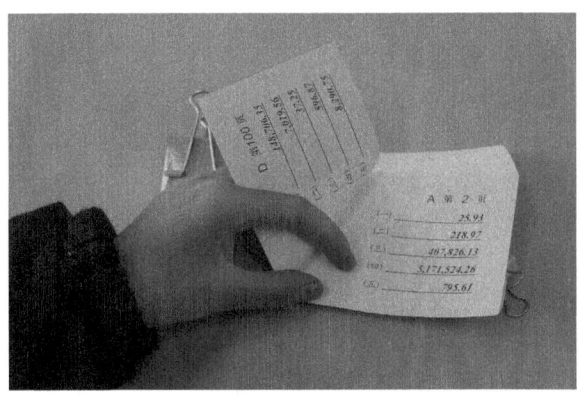

图 3-22

第五步：食指与拇指捏住第二页传票，呈准备姿势（见图 3-23）。

图 3-23

 小贴士

　　翻页后食指易出现停留在前一页传票的背面，没有和拇指捏住下一页传票，即没有做好准备动作。

实训　传票翻页、找页训练

一、传票翻页训练

实训目的：左手连贯、快速、准确翻页，提高翻页技巧。
实训要求：
（1）票面不宜翻得过高，角度适宜，以能看清数据为准。
（2）左手翻页应保持连贯。
实训时间：本项目训练时间不少于一周。
实训形式：（重点练习一种翻页方法）

视频 24　传票翻页训练

练习一：按口令训练法（节奏感训练）。教师发出"翻""停"的口令，以两秒一页的速度进行翻页训练。学生听到"翻"口令时应开始翻页，听到"停"口令时应停在准备动作状态。较熟练后可提快到一秒一页的速度。

练习二：按口令训练法（连贯性训练）。教师发出"1、2、3、4、5、6……"口令，学生听到口令"1"时翻一页传票，听到口令"2"时再翻一页传票，以此类推。速度则由教师进行控制，由慢到快，逐渐加快。

练习三：定量不定时训练法（准确性训练）。规定的页数可由少至多，如 20 页、50 页、100 页，循序渐进。教师统一计时，学生快速翻页，看谁翻的快。较熟练后可进行盲翻训练。

练习四：定时不定量训练法（速度、耐力提升训练）。老师计时 30 秒，学生翻页，看谁翻得多。较熟练后可进行盲翻训练。

实训考核：

翻页考核标准如表 3-1 所示。

表 3-1　　　　　　　　　　　　翻页考核标准

标准	优	良	合格
定量不定时（100 页）			
拇指翻页法	40 秒	50 秒	60 秒
食指辅助拇指翻页法	50 秒	60 秒	70 秒
食指单捻翻页法	50 秒	60 秒	70 秒
定时不定量（30 秒）			
拇指翻页法	60 页	55 页	50 页
食指辅助拇指翻页法	55 页	50 页	45 页
食指单捻翻页法	55 页	50 页	45 页

二、传票找页训练

实训目的： 快速准确地找到每题的起始页，提高传票翻打的准确度和速度。

视频 25　传票找页训练

实训要求：

（1）熟悉传票，能准确把握传票页的厚度，练手感。如 10 页、20 页、30 页的厚度。

（2）用左手迅速准确找到起始页数。

实训时间： 本项目每次训练时间不少于 10 分钟。

实训形式：

练习一：由教师随机报起始页数，学生快速翻找。

【例 3-1】5、14、21、43、57、78、86、90……（有序找页练习）

【例 3-2】2、15、46、18、38、70、9、37……（无序找页练习）

练习二：由教师按一定规律报起始页数，学生快速翻找。

【例 3-3】5、10、15、20、25、30、35、40……

【例 3-4】10、20、30、40、50、60、70、80……

以上练习也可采用限量不限时的方法进行，即出 20 个页数，看谁找得快。

练习三：由学生互相报起始页数，进行翻找训练。

练习四：教师计时，看谁找的页数多。

实训考核：

找页速度考核标准如表 3-2 所示。

表 3-2　　　　　　　　　　找页考核标准

	优	良	合格
限时不限量（30 秒）	58-60 题	45-47 题	42-44 题
限量不限时（20 题）	8-10 秒	11-13 秒	14-16 秒

任务 3　看数与记数的方法

任务描述

翻打传票除了小键盘录入和传票翻页两个基本功以外，还有一个基本功就是看数与记数。初学者对四位和五位数字应一目看完并记住。六位和七位数字以上的可分整数部分、小数部分两目看完并记住，随着练习时间的增加，逐步要做到一目完成。

视频 26　看数与记数

> **小贴士**
>
> 看数与记数是翻打传票很关键的一步，无论是初学者，还是有一定技术水平的选手都必须重视。只有看数水平提高了才能提高传票翻打的水平。

活动 1　分节看数与记数法

看数看得准、记得快直接影响到传票翻打的速度与准确度。看数一般从位数较少的开始，循序渐进。最好一开始就养成一眼看一笔数字的好习惯。如果不能做到，那么也可以进行分节看数，分节次数越少越有利于翻打速度的提高。

1. 整数三位分节看数与记数法

整数三位分节看数法即以分节号为分隔，三位一分节，一次性看三个数的方法。

【例 3-5】 如 432,348,579 可分 432—348—579 三目看完并记住。

【例 3-6】 如 37,245 可分 37—245 两目看完并记住。

2. 带小数分节看数与记数法

带小数分节看数法即以小数点作为分隔，分节看数的方法。

【例 3-7】 如 435.38 可分 435—38 两目看完并记住。

【例 3-8】 如 34,468.79 可分 34468—79 两目看完并记住。

活动 2　一目一行看数与记数法

翻打传票练习到一定水平后，就必须掌握一目一行看数与记数法，即对应分节号、小数点有节奏地一次性看完并记住一行数。这需要同学们进行大量有效地练习才能达到。

【例 3-9】 如 91,350 可分 91—350 一目看完并记住。

【例 3-10】 如 86,521.34 可分 86—521—34 一目看完并记住。

> 小贴士
>
> 看数与记数时，要防止口中读出声音，应该养成看数反应快，记数牢而准的基本功。

实训 1　看数与记数训练

实训目的：快速准确地看完一行数字并记住，提高传票翻打的准确度和速度。

实训要求：

（1）熟练掌握分节看数与记数法。

（2）熟练掌握一目一行看数与记数法。

实训时间：本项目训练时间每日须不少于 10 分钟。

实训形式：

进行看数与记数训练时，初期应采用看完一节或一个数后迅速抬起眼睛，口中背出数字，以检验看数是否准确。熟练后可不必背出数字，只须在脑中将看的数像放电影一样放映一遍。

练习一：集体练与个人练结合，由教师出题，学生进行分节看数训练。题目可以是纸质的，还可以利用 PPT 制作成幻灯片形式播放训练。

（1）整数三位分节看数与记数法（见表 3-3）。

表 3-3

题　号	题　目	答案（说或写）
1	830,025	例：830-025
2	743,234,222	
3	572,353,276	
4	38,690	
5	577,230,242	
6	789,245	
7	485,466	
8	148,574,547	
9	12,589	
10	785,473	
11	553,748,756	
12	8,854	
13	921,357	

续表

题 号	题 目	答案（说或写）
14	370,496	
15	704,152,385	
16	247,856	
17	65,498,407	
18	335,543,973	
19	267,525,459	
20	2,549,435	

（2）带小数分节看数与记数法（见表3-4）。

表3-4

题 号	题 目	答案（说或写）
1	472.38	
2	178,063.94	
3	598,360.41	
4	850,493.62	
5	285.36	
6	7,439.06	
7	790,142.58	
8	4,768.01	
9	173,058.64	
10	47,502.16	
11	807,415.56	
12	26.38	
13	617.43	
14	1,054.72	
15	496.52	
16	798,061.54	
17	730,596.41	
18	537.82	
19	380,961.82	
20	1,047.39	

练习二：集体练时，采用定量不定时的方法，看百页传票，看谁看得快（教师同时计时，在学生完成时告知其时间）。

练习三：个人练时，同座两人同时进行翻百页传票看数，看谁先看完。

练习四：集体练时，采用定时不定量法，教师计时，看谁看的页数多。

实训考核：

以看页的速度作为考核标准，如表 3-5 所示。

表 3-5

	优	良	合格
限时不限量（60 秒）	45—48 页	43—45 页	40—42 页
限量不限时（100 页）	130 秒	140 秒	150 秒

实训 2　手眼脑配合连贯性训练

实训目的： 快速准确地进行传票翻打运算。

实训要求：

（1）采用相同的传票计算。

（2）手、眼、脑协调配合。

（3）注意力高度集中，边翻边打。

（4）加强练习，分步进行。

实训时间： 本项目训练时间每日须不少于 20 分钟。

实训形式：

选择好传票簿和行数后，将传票打开成扇面放在桌面合适位置（见任务 1 活动 2 工具定位），左手做好翻页准备动作，右手各手指放在基准键位，眼睛看清第一页数据的同时，大脑记住该数据，听到开始口令，左手翻页、右手录入，同时眼睛看、大脑记忆第二个数据，整个过程要求手、眼、脑的动作协调连贯；右手录入时，左手迅速翻过此页，进入下一页……依此紧紧连接、环环相扣，保持动作的连贯和流畅，逐步达到左右手不停留在同一页上（一目记忆的数字左手领先一页，两目记忆的数字，翻页在右手录入小数点时左手进行翻页，左手比右手领先半步），右手无停顿的水平。

视频 27　传票算手眼脑配合连贯性训练

（1）5 组 10 页翻打（每套题限时 5 分钟，见表 3-6 至表 3-10）。

表 3-6　　　　　　　　传票算练习题一

题号	起止页码	行数	答案
1	2—11	（五）	
2	23—32	（四）	

续表

题号	起止页码	行数	答案
3	38—47	(三)	
4	34—43	(一)	
5	16—25	(二)	
6	21—30	(三)	
7	79—88	(四)	
8	13—22	(五)	
9	8—17	(四)	
10	60—69	(一)	

表 3-7　　　　　　　　　　　传票算练习题二

题号	起止页码	行数	答案
1	32—41	(三)	
2	24—33	(四)	
3	37—46	(三)	
4	20—29	(一)	
5	41—50	(三)	
6	21—30	(三)	
7	65—74	(四)	
8	23—32	(五)	
9	11—20	(四)	
10	30—39	(一)	

表 3-8　　　　　　　　　　　传票算练习题三

题号	起止页码	行数	答案
1	3—12	(三)	
2	16—25	(四)	
3	25—34	(三)	
4	65—74	(一)	

续表

题号	起止页码	行数	答案
5	31—40	(三)	
6	12—21	(三)	
7	49—58	(四)	
8	16—25	(五)	
9	21—30	(四)	
10	34—43	(一)	

表3-9　　　　　　　　　　　传票算练习题四

题号	起止页码	行数	答案
1	44—53	(三)	
2	13—22	(四)	
3	46—55	(三)	
4	35—44	(一)	
5	50—59	(三)	
6	31—40	(三)	
7	68—77	(四)	
8	35—44	(五)	
9	40—49	(四)	
10	53—62	(一)	

表3-10　　　　　　　　　　　传票算练习题五

题号	起止页码	行数	答案
1	34—43	(三)	
2	3—12	(四)	
3	36—45	(三)	
4	25—34	(一)	
5	40—49	(三)	
6	21—30	(三)	

续表

题号	起止页码	行数	答案
7	58—67	（四）	
8	25—34	（五）	
9	30—39	（四）	
10	43—52	（一）	

（2）10组20页翻打（每套题限时10分钟，见表3-11至表3-15）。

表3-11　　　　　　　　　传票算练习题六

题号	起止页码	行数	答案
1	2—21	（五）	
2	23—42	（四）	
3	38—57	（三）	
4	34—53	（一）	
5	16—35	（二）	
6	21—40	（三）	
7	79—98	（四）	
8	13—32	（五）	
9	8—27	（四）	
10	60—79	（一）	

表3-12　　　　　　　　　传票算练习题七

题号	起止页码	行数	答案
1	32—51	（三）	
2	24—43	（四）	
3	37—56	（三）	
4	20—39	（一）	
5	41—60	（三）	
6	21—40	（三）	
7	65—84	（四）	

续表

题号	起止页码	行数	答案
8	23—42	（五）	
9	11—30	（四）	
10	30—49	（一）	

表 3－13　　　　　　　　传票算练习题八

题号	起止页码	行数	答案
1	3—22	（三）	
2	16—35	（四）	
3	25—44	（三）	
4	65—84	（一）	
5	31—50	（三）	
6	12—31	（三）	
7	49—68	（四）	
8	16—35	（五）	
9	21—40	（四）	
10	34—53	（一）	

表 3－14　　　　　　　　传票算练习题九

题号	起止页码	行数	答案
1	44—63	（三）	
2	13—32	（四）	
3	46—65	（三）	
4	35—54	（一）	
5	50—69	（三）	
6	31—50	（三）	
7	68—87	（四）	
8	35—54	（五）	
9	40—59	（四）	
10	53—72	（一）	

表 3–15　　　　　　　　　　传票算练习题十

题号	起止页码	行数	答案
1	34—53	（三）	
2	3—22	（四）	
3	36—55	（三）	
4	25—44	（一）	
5	40—59	（三）	
6	21—40	（三）	
7	58—77	（四）	
8	25—44	（五）	
9	30—49	（四）	
10	43—62	（一）	

（3）20 组 20 页翻打（每套题限时 20 分钟，见表 3-16 至表 3-20）。

表 3–16　　　　　　　　　　传票算练习题十一

题号	起止页码	行数	答案
1	13—32	（三）	
2	31—50	（四）	
3	23—42	（三）	
4	7—26	（一）	
5	19—38	（三）	
6	8—27	（三）	
7	19—38	（四）	
8	12—31	（五）	
9	38—57	（四）	
10	18—37	（一）	
11	24—43	（三）	
12	12—31	（四）	
13	1—20	（三）	
14	38—57	（一）	

续表

题号	起止页码	行数	答案
15	64—83	(三)	
16	15—34	(三)	
17	52—71	(四)	
18	40—59	(五)	
19	11—30	(四)	
20	27—46	(一)	

表 3-17　　　　　　　　　　传票算练习题十二

题号	起止页码	行数	答案
1	15—34	(一)	
2	33—52	(二)	
3	26—45	(三)	
4	10—29	(四)	
5	22—41	(五)	
6	11—30	(一)	
7	19—38	(二)	
8	12—31	(三)	
9	41—60	(四)	
10	21—40	(五)	
11	27—46	(一)	
12	15—34	(二)	
13	4—23	(三)	
14	41—60	(四)	
15	67—86	(五)	
16	18—37	(一)	
17	55—74	(二)	

续表

题号	起止页码	行数	答案
18	43—62	(三)	
19	14—33	(四)	
20	30—49	(五)	

表 3-18　　　　传票算练习题十三

题号	起止页码	行数	答案
1	3—22	(一)	
2	41—60	(二)	
3	51—70	(三)	
4	4—23	(四)	
5	54—73	(五)	
6	22—41	(一)	
7	41—60	(二)	
8	2—21	(三)	
9	66—85	(四)	
10	45—64	(五)	
11	43—62	(一)	
12	14—33	(二)	
13	5—24	(三)	
14	42—61	(四)	
15	68—87	(五)	
16	17—36	(一)	
17	56—75	(二)	
18	44—63	(三)	
19	15—34	(四)	
20	31—50	(五)	

表 3-19　　　　　　　　　　　传票算练习题十四

题号	起止页码	行数	答案
1	36—55	（一）	
2	54—73	（二）	
3	7—26	（三）	
4	4—23	（四）	
5	18—37	（五）	
6	12—31	（一）	
7	31—50	（二）	
8	12—31	（三）	
9	56—75	（四）	
10	35—54	（五）	
11	33—52	（一）	
12	4—23	（二）	
13	25—44	（三）	
14	32—51	（四）	
15	58—77	（五）	
16	7—26	（一）	
17	46—65	（二）	
18	34—53	（三）	
19	5—24	（四）	
20	21—40	（五）	

表 3-20　　　　　　　　　　　传票算练习题十五

题号	起止页码	行数	答案
1	6—25	（一）	
2	24—43	（二）	
3	17—36	（三）	
4	14—33	（四）	

续表

题号	起止页码	行数	答案
5	48—67	(五)	
6	2—21	(一)	
7	1—20	(二)	
8	12—31	(三)	
9	46—65	(四)	
10	25—44	(五)	
11	23—42	(一)	
12	24—43	(二)	
13	15—34	(三)	
14	22—41	(四)	
15	48—67	(五)	
16	17—36	(一)	
17	36—55	(二)	
18	24—43	(三)	
19	35—54	(四)	
20	11—30	(五)	

(4) 进行100页翻打，并记录下每一题的时间（见表3-21至表3-24）。

表3-21　　　　　　　　传票算练习题十六　A面

题 号	起始页码	行数	答案	时间记录
1	1—100	(一)		
2	1—100	(二)		
3	1—100	(三)		
4	1—100	(四)		
5	1—100	(五)		

表 3-22　　　　　　　　　传票算练习题十七　B 面

题 号	起始页码	行数	答案	时间记录
1	1—100	（一）		
2	1—100	（二）		
3	1—100	（三）		
4	1—100	（四）		
5	1—100	（五）		

表 3-23　　　　　　　　　传票算练习题十八　C 面

题 号	起始页码	行数	答案	时间记录
1	1—100	（一）		
2	1—100	（二）		
3	1—100	（三）		
4	1—100	（四）		
5	1—100	（五）		

表 3-24　　　　　　　　　传票算练习题十九　D 面

题 号	起始页码	行数	答案	时间记录
1	1—100	（一）		
2	1—100	（二）		
3	1—100	（三）		
4	1—100	（四）		
5	1—100	（五）		

（5）利用翰林提学习机进行传票翻打练习。

①翰林提传票录入功能介绍：

A. 系统主界面选择【传票录入】进入到【传票录入】目录（见图 3-24）。

B. 选择"［D］设置"，进行相关设置。设置完毕后按［Enter］自动保存设置（见图 3-25）。

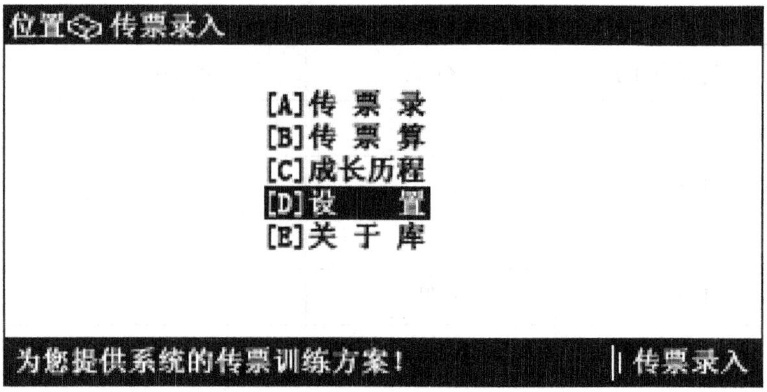

图 3-24

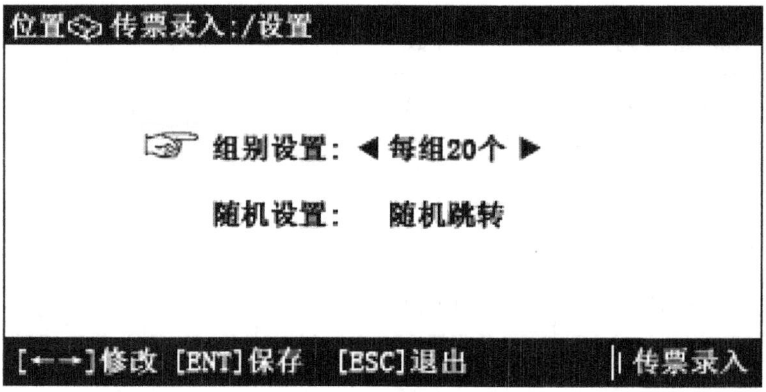

图 3-25

操作：通过［↑↓］键移动光标，［←→］键调整相关设置。

说明：此步骤只需在第一次使用时，或需要更改训练方式时设置。

C. 在【传票录入】目录下选择"［B］传票算"，进入【传票算】功能菜单（见图 3-26）。

图 3-26

D. 选择"[B]传票算测试"或者"[A]传票算练习",二者的区别在于:测试模式下,系统可以保存最后成绩,并且可以通过无线模块发送测试成绩,该模式可以做比赛时使用。练习模式下,系统不保存成绩,也不能发送成绩,但是可以保存成长历程,该模式只用作练习时使用。

以下以传票算测试为例介绍(见图3-27)。

图3-27

E. 例如选择[爱丁传票],下一步选择所要录入的传票页A~D(见图3-28)。

图3-28

F. 例如选择[爱丁传票A],开始设置:测试时间、起始页、行次(见图3-29)。

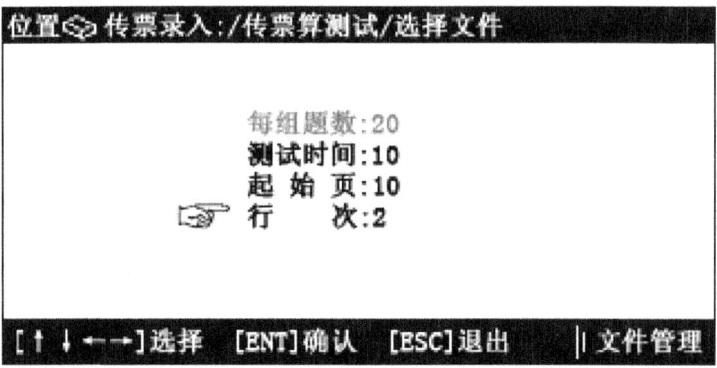

图3-29

G. 设置完毕后，按［Enter］键即可开始录入，录入界面如图 3-30 所示。

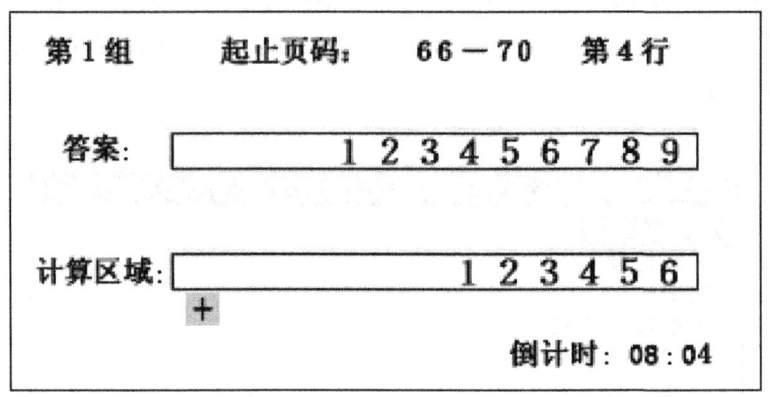

图 3-30

H. 关于录入界面的相关解释说明：

第一部分内容为：当前输入的组别、当前组的起止页、输入的行序号。

中间部分内容为：上一组数据的最终结果。

下面部分内容为：当前组数据的计算区域，学生可以任意 +/- 计算。

I. 用户推出或者倒计时结束时，系统会自动计算成绩，并且显示在屏幕上（见图 3-31）。

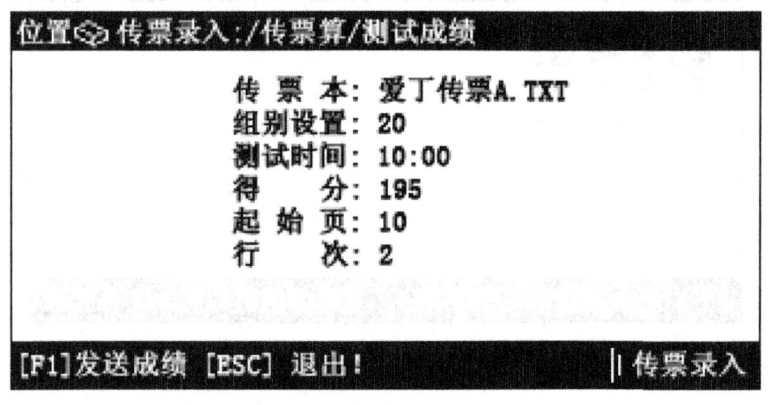

图 3-31

传票算计分规则：

按照录入界面提示页码和行次进行累加，每组加完 20 题以后按回车键提交得到的结果作为评判得分的标准，即每一组为 20 分或 0 分，最后一组以时间结束时的结果评定小分。

如图 3-31 中显示，时间 10 分钟截止时，共完整计算 9 组，最后一组结果计算到前 15 题并正确，合计 195 分。

②由教师随机给出起始页码与行数，进行测试，并将每次成绩记录下来（见表 3-25）。

表 3-25　　　　　　　　　　　　　　成绩记录表

班级：　　　　　　　　姓名：　　　　　　　　学号：

序号	日期	练习内容	题量（组数）	成绩（分数）	检查人签字
1					
2					
3					
4					
5					
6					
7					
8					
9					
10					
11					
12					
13					
14					
15					
16					
17					
18					
19					
20					

实训考核：

中国珠算协会传票翻打等级鉴定标准见表 3-26。

表 3-26　　　　　　　　　　　　　　考核标准

项目	高级	中级	初级	题量	工具
传票翻打	15 题	10 题	5 题	20 行/题（10 分钟）	计算器
	18 题（360 分）	15 题（300 分）	13 题（260 分）	20 行/题（10 分钟）	翰林提/小键盘

任务 4　提高传票算训练水平的方法

 小贴士

选手成功的奥秘

成功宝典是：成功 = 正确的目标 + 积极进取 + 高效的执行力 + 宝贵经验（方法）

活动 1　日常训练中常出现问题的分析及对策

学生在日常训练时，常遇到以下问题。

问题一：速度不快。训练时很多学生普遍反映打不快，主要原因是学生未采用盲打方式，且左右手配合不够协调。

问题二：准确度不高。这是很多学生在训练时遇到的主要问题，只要速度一快，就出现错题较多的情况，主要原因是学生基本功不扎实，指法不够标准，故按键准确度不高，需加强指法训练，增加指法训练时间，当指法训练量达到较高水平时准确度也会随之提高。

问题三：翻页夹张。经常有学生在录入时左手翻页出现夹张情况，左手调整时整个录入节奏被打断。如果出现夹张次数较多，则录入速度会受到较大影响。这时应将传票重新开扇。

问题四：录入时页与页之间出现停顿。这种情况对于初学传票的学生常会出现，主要原因是看数的速度不快，翻页无法先翻一步。这时除了强化看数能力、翻页的训练外，还需注意左右手的配合。

问题五：录入成绩提升有困难，呈现"高原反应"。当传票录入训练到达一定阶段后（如使用翰林提学习机可打出 200 分以上），录入水平的进一步提升开始变得有些困难，在保持原有的训练强度情况下，很多学生仍感觉进步不明显，这时大多数学生开始对传票录入水平提高缺乏信心，从而会慢慢放弃训练。此时首要任务是克服心理障碍，认识到这是正常现象，树立信心，相信自己录入水平一定可以进一步提高。再次要认识到传票录入水平的提升需要一个从量变到质变的过程，并加大训练的强度，有意识地进行集中训练一段时间，不断激发自己的潜能，相信很快就能体会到"众里寻她千百度，蓦然回首，那人却在灯火阑珊处"的惊喜。

> **小贴士**
>
> 传票录入水平的提高，除了技巧方法正确、训练方法得当外，还需一定的训练量，只有经历量变到质变的过程，才能不断提高成绩。

活动 2　提高传票算训练水平的基本方法

传票录入训练一般分为两个阶段（见表 3-27）。

表 3-27　训练阶段

训练阶段	训练方法	训练目标
第一阶段：常规训练	指法训练	盲打
	翻看训练	先翻一步
	综合训练	先准后快

续表

训练阶段	训练方法	训练目标
第二阶段：选手训练	抗干扰训练	锻炼心理素质
	耐力训练	锻炼选手的耐力
	看屏与看数训练	提高准确度
	以赛代练	增加比赛经验

一、第一阶段：常规训练

常规训练一般在班级内进行，由各班的任课老师与班主任老师进行组织。此阶段的训练又可分为三个部分。

1. 指法训练

指法训练的基本要求是指法正确，键位准确，训练目标是盲打。可分为五个步骤进行训练（见表3-28）。

表3-28　　　　　　　　　　训练步骤

训练步骤	训练内容与方法	注意事项
第一步：基准键位训练	"4""5""6"键的训练。	食指、中指、无名指分工合作
第二步：单指训练	食指进行"1""4""7"纵向训练； 中指进行"2""5""8"纵向训练； 无名指进行"3""6""9""."纵向训练。	强化无名指的练习，特别注意小数点位置
第三步：双指训练	食指与中指的训练； 中指与无名指的训练； 食指与无名指的训练； 食、中、无名指与大拇指的训练。	各手指分工明确，不得串指。
第四步：五指训练	"666"：1+2+3……+36，答案是666； "打百子"：1+2+3……+100，答案是5050。	注意小拇指的力度，不得太大或太小，太大容易出现停顿，太小容易空按。

 小贴士

指法训练时，操作要点如下：指尖击键、保持手势、手腕发力、指在键中、快速击放、纵向管理、踢踏舞步。

2. 翻看训练

翻看训练的基本要求是翻页迅速、看数准确，训练目标是先翻一步。可分为三个步骤进行训练（见表3-29）。

表 3-29　　　　　　　　　　　　步骤

步骤	方法	注意事项
第一步：盲翻训练	指在整理好扇面后，左手压住传票，不看票面，从第 1 页连续向后翻动传票，直到最后一页为止，时间不得超过 1 分钟。	不得翻夹。
第二步：找页训练	老师随机报一个页码，要求学生在两秒内翻到。	宁多勿少。宁可翻多几页进行调整，不要翻少几页。
第三步：看数训练	用百张传票做翻读练习，翻一页看一笔数字，再翻到下一页看同一行数字，在规定时间内看谁翻看更快。	刚开始训练可读出声，到一定的程度只可默读。

3. 综合训练

综合训练的基本要求是眼、手、脑三者密切配合，训练目标是先准再快。综合训练时可采用翰林提学习机里传票录入功能中的传票练习与传票测试进行。两者的区别是传票练习功能状态下，学生如果录入错误，系统会反黑提醒，并且无法进行下一数的录入。

二、第二阶段：选手训练

选手训练一般从各班挑选出优秀学生进行集中训练，由专职教师进行指导与组织训练。此阶段可采用以下方法进行训练：

（1）抗干扰训练。抗干扰训练，可采用多种形式，比如将选手带到各班级教室、教学楼大厅等人流量大的地方进行测试。

（2）耐力训练。测试时间一般为 10 分钟，为解决部分选手后 5 分钟成绩明显低于前 5 分钟的问题，可将测试时间调整为 20 分钟。

（3）准确度训练。要求选手在右手录入数据的同时，眼睛盯着屏幕上显示的数字，检查是否录入正确，此方法掌握得当可大幅提高准确度，但对于看数能力不强的选手，整个录入速度会受到一定影响。因此在强化看屏训练的同时，应同步进行看数的训练。

（4）以赛代练。多组织选手进行比赛，增加比赛经验，锻炼选手临场发挥以及控制比赛状态的能力，也可在队内形成强烈的竞争势头：采用队内比赛、队外比赛、校外友谊赛、交流赛等各种形式。

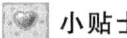 小贴士

传票录入水平的高低，取决于数据录入时是否做到又快又准，而要想做到又快又准，训练时学生应要有扎实的基本功、正确的指法和长期刻苦的训练。

模块四
真假钞票的识别技能与实训

知识目标
掌握第五套人民币的防伪特征,认识与了解假币。

能力目标
1. 熟练掌握2005年版、2015年版、2019年版第五套人民币的防伪特征。
2. 熟练掌握辨别真假人民币的主要方法。

情感目标
从爱护人民币做起,自觉学习、执行国家有关保护人民币的法律、法规,同制贩假币的违法犯罪行为作斗争,做诚实守信、遵守社会公德的好公民。

任务1　认识人民币的防伪特征

任务描述

随着经济的快速发展和科技进步,近年来,假币的仿真度不断提高。制造和贩卖假币,已经成为经济流通领域中的一个不容忽视的犯罪现象。防范和打击制贩假币的违法犯罪活动,关系到国家经济稳定和人民群众的切身利益。人民币反假是全社会的责任。我们每个人都应该了解相关的反假币知识和生活常识。在全社会筑起一道坚实的反假货币防线,让假币没有藏身之地。

小案例

应　聘

刘明看到中百超市招聘收银员,中专商贸专业毕业的她便前往应聘。当天面试由总经理直接考核,总经理一句专业知识也没问,只是从皮包内抽出四张百元大钞,分别递给4位求职者,让他们每人都去买包香烟。"希望各位快一点,我喜欢动作轻快的人。第一个买回来的就是优胜者。"他话音刚落,三位应聘者争先恐后跑出办公室。刘明拿到钞票后总觉得颜色不大对劲儿,趁其他应聘者出门时,他仔细用手摸了摸这张钞票,没有凹凸不平感。刘明犹豫了一会儿,迟疑不决的对总经理说:"这张钞票有点问题,您能不能换一张?"总经理笑了:"你已经具备了收银员最基本的素质,明天能来上班吗?"

这时,一位求职者气急败坏地跑进办公室:"经理,我发现这张钱是假的!"经理反问:"现在发现已经晚了。顾客早已离开商场,你到哪里去追?作为收银员,每天都要与钱打交道,接过钱连看都不看一眼,就慌里慌张去买香烟,这就是失职。"

想一想,如果这次应聘的人中有你,你会应聘成功吗?拿在手里的钱,你又是如何来辨别真假的呢?

作为会计及金融相关专业的学生,需要掌握各项适应岗位的专业技能,反假币是银行从业人员以及会计人员必须掌握的技能之一,掌握反假币的识别技能对会计及金融相关专业的学生有着重要的意义。只有掌握人民币的防伪特征,才能更有效地提高识别假币的能力。由于目前流通的是第五套新版人民币,所以这里主要介绍一下第五套人民币的大众防伪特征。

活动1 第五套人民币(2005年版)的防伪特征

截至2019年5月,第五套人民币分为1999年、2005年和2015年三个版本,目前流通的是2005、2015年版。

为提高第五套人民币的印刷工艺和防伪技术水平,经国务院批准,中国人民银行于2005年8月31日发行了第五套人民币2005年版100元、50元、20元、10元、5元纸币和不锈钢材质1角硬币。2005年版人民币的6个券别,保持了1999年版第五套人民币主图案、主色调、规格不变。从构成货币的基本要素来说,不是发行一套新的人民币,所以2005年版人民币属于第五套人民币的范畴。

一、2005年版第五套人民币防伪特征

(一)2005年版第五套人民币(100元)的防伪特征

人民币100元的样币见图4-1。

(1)固定人像水印(见图4-2):位于正面左侧空白处,迎光透视,可以看到立体感很强的毛泽东头像水印。

(2)隐形面额数字(见图4-3):正面右上方有一椭圆形图案,将钞票置于与眼睛接近平行的位置,面对光源上下倾斜晃动,可以看到面额数字"100"字样。

(3)胶印对印图案(见图4-4):正面左下角和背面右下角均有一圆形局部图案,迎光透视,可以看到正背面图案重合并组成一个完整的古钱币图案。

(4)胶印缩微文字(见图4-5):票面正面上文椭圆形图案中,多处印有胶印缩微文字,在放大镜下可看到"100"和"RMB100"字样。

图 4-1 2005 年版 100 元防伪特征

图 4-2

图 4-3

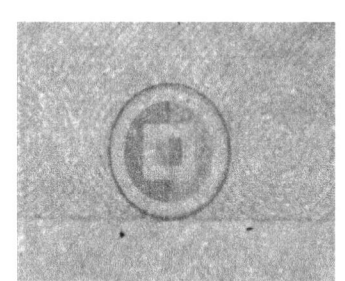

图 4-4

（5）凹印手感线（见图 4-6）：正面主景图案右侧，有一组自上而下规则排列的线纹，采用雕刻凹版印刷工艺印制，用手指触摸，有极强的凹凸感。

（6）双色异形横号码（见图 4-7）：正面左下角印有双色异形横号码，左侧部分为暗红色，右侧部分为黑色。字符由中间向左右两边逐渐变小。

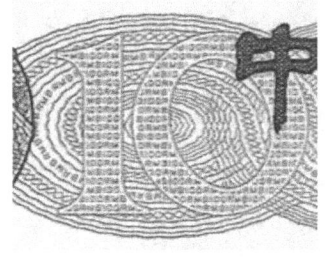 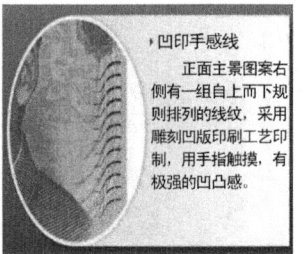 

图 4-5　　　　　　　图 4-6　　　　　　　图 4-7

(7) 光变油墨面额数字（见图 4-8、图 4-9）：正面左下方"100"字样，与票面垂直角度观察为绿色，倾斜一定角度则变为蓝色。

(8) 白水印（见图 4-10）：位于正面双色异形横号码下方，迎光透视，可以看到透光性很强的水印"100"字样。

图 4-8　　　　　　　图 4-9　　　　　　　图 4-10

(9) 雕刻凹版印刷（见图 4-11）：正面主景毛泽东头像、"中国人民银行"行名、面额数字、盲文面额标记和背面主景"人民大会堂"图案等均采用雕刻凹版印刷，用手指触摸有明显凹凸感。

(10) 手工雕刻头像（见图 4-12）：正面主景毛泽东头像，采用手工雕刻凹版印刷工艺，形象逼真、传神，凹凸感强，易于识别。

(11) 全息磁性开窗安全线（见图 4-13）：背面中间偏右，有一条开窗安全线，开窗部分可以看到由缩微字符"￥100"组成的全息图案，仪器检测有磁性。

(12) 汉语拼音"YUAN"和年号"2005 年"：背面主景图案下方的面额数字后面，增加人民币单位元的汉语拼音"YUAN"；年号为"2005 年"。

  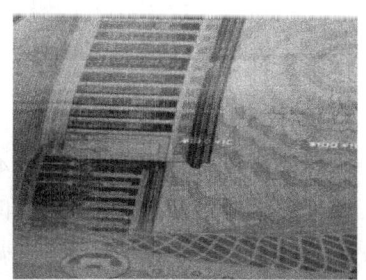

图 4-11　　　　　　　图 4-12　　　　　　　图 4-13

(二) 2005 年版第五套人民币 (50 元) 的防伪特征

人民币 50 元的样币见图 4-14。

图 4-14　2005 年版 50 元防伪特征

(1) 固定人像水印：位于正面左侧空白处，迎光透视，可见与主景人像相同，立体感很强的毛泽东水印。

(2) 胶印缩微文字：正面上方椭圆形图案中，多处印有胶印缩微文字，在放大镜下可看到 "50" 和 "RMB50" 字样。

(3) 胶印对印图案：票面正面主景图案左侧中间处和背面主景图案右侧中间处均有圆形局部图案，迎光透视，可以看到正背面图案重合并组成一个完整的古钱币图案。

(4) 隐形面额数字：正面右上方有一椭圆形图案，将钞票置于与眼睛接近平行的位置，面对光源做上下倾斜晃动，可以看到面额数字 "50" 字样。

(5) 凹印手感线：正面主景图案右侧，有一组自上而下规则排列的线纹，采用雕刻凹版印刷工艺印制，用手指触摸，有极强的凹凸感。

(6) 双色异形横号码：正面左下角印有双色异形横号码，左侧部分为暗红色，右侧部分为黑色。字符由中间向左右两边逐渐变小。

（7）光变油墨面额数字：正面左下方"50"字样，与票面垂直角度观察为金色，倾斜一定角度则变为绿色。

（8）白水印：位于正面双色异形横号码下方，迎光透视，可以看到透光性很强的水印"50"字样。

（9）雕刻凹版印刷：正面主景毛泽东头像、"中国人民银行"行名、面额数字、盲文面额标记和背面主景"布达拉宫"图案等均采用雕刻凹版印刷，用手指触摸有明显凹凸感。

（10）手工雕刻头像：正面主景毛泽东头像，采用手工雕刻凹版印刷工艺，形象逼真、传神、凹凸感强，易于识别。

（11）全息磁性开窗安全线：背面中间偏右，有一条开窗安全线，开窗部分可以看到由缩微字符"￥50"组成的全息图案，仪器检测有磁性。

（12）汉语拼音"YUAN"和年号改为"2005年"：背面主景图案下方的面额数字后面，增加人民币单位元的汉语拼音"YUAN"；年号为"2005年"。

（三）2005年版第五套人民币（20元）的防伪特征

人民币20元的样币见图4-15。

图4-15　2005年版20元防伪特征

(1) 固定花卉水印：位于正面左侧空白处，迎光透视，可见立体感很强的荷花水印。

(2) 全息磁性开窗安全线：正面中间偏左，有一条开窗安全线，开窗部分可以看到由缩微字符"￥20"组成的全息图案，仪器检测有磁性。

(3) 隐形面额数字：正面右上方有一椭圆形图案，将钞票置于与眼睛接近平行的位置，面对光源做上下倾斜晃动，可以看到面额数字"20"字样。

(4) 凹印手感线：正面主景图案右侧，有一组自上而下规则排列的线纹，采用雕刻凹版印刷工艺印制，用手指触摸，有极强的凹凸感。

(5) 双色横号码：正面左下角印有双色横号码，左侧部分为暗红色，右侧部分为黑色。

(6) 胶印对印图案：正面左下角和背面右下角均有圆形局部图案，迎光透视，可以看到正背面图案重合并组成一个完整的古钱币图案。

(7) 白水印：位于正面双色横号码下方，迎光透视，可以看到透光性很强的水印"20"字样。

(8) 胶印缩微文字：正面右侧和下方及背面图案中，多处印有胶印缩微文字"RMB20"字样。

(9) 手工雕刻头像：正面主景毛泽东头像，采用手工雕刻凹版印刷工艺，形象逼真、传神，凹凸感强，易于识别。

(10) 雕刻凹版印刷：正面主景毛泽东头像、"中国人民银行"行名、面额数字、盲文面额标记和背面主景"桂林山水"图案等均采用雕刻凹版印刷，用手指触摸有明显凹凸感。

(11) 汉语拼音"YUAN"和年号改为"2005年"：背面主景图案下方的面额数字后面，增加人民币单位元的汉语拼音"YUAN"；年号为"2005年"。

(四) 2005 年版第五套人民币 (10 元) 的防伪特征

人民币 10 元的样币见图 4-16。

(1) 固定花卉水印：位于正面左侧空白处，迎光透视，可见立体感很强的月季花水印。

(2) 胶印缩微文字：正面上方胶印图案中，多处印有胶印缩微文字"RMB10"字样。

(3) 全息磁性开窗安全线：正面中间偏左，有一条开窗安全线，开窗部分可以看到由缩微字符"￥10"组成的全息图案，仪器检测有磁性。

(4) 隐形面额数字：正面右上方有一椭圆形图案，将钞票置于与眼睛接近平行的位置，面对光源做上下倾斜晃动，可以看到面额数字"10"字样。

(5) 凹印手感线：正面主景图案右侧，有一组自上而下规则排列的线纹，采用雕刻凹版印刷工艺印制，用手指触摸，有极强的凹凸感。

(6) 双色横号码：正面左下角印有双色横号码，左侧部分为暗红色，右侧部分为黑色。

(7) 胶印对印图案：正面左下角和背面右下角均有圆形局部图案，迎光透视，可以看到正背面图案重合并组成一个完整的古钱币图案。

(8) 白水印：位于正面双色异形横号码下方，迎光透视，可以看到透光性很强的水

图 4-16 2005 年版 10 元防伪特征

印"10"字样。

（9）雕刻凹版印刷：正面主景毛泽东头像、"中国人民银行"行名、面额数字、盲文面额标记和背面主景"长江三峡"图案等均采用雕刻凹版印刷，用手指触摸有明显凹凸感。

（10）手工雕刻头像：正面主景毛泽东头像，采用手工雕刻凹版印刷工艺，形象逼真、传神，凹凸感强，易于识别。

（11）汉语拼音"YUAN"和年号改为"2005 年"：背面主景图案下方的面额数字后面，增加人民币单位元的汉语拼音"YUAN"；年号为"2005 年"。

（五）2005 年版第五套人民币（5 元）的防伪特征

人民币 5 元的样币见图 4-17。

（1）固定花卉水印：位于正面左侧空白处，迎光透视，可见立体感很强的水仙花水印。

（2）胶印缩微文字：正面上方胶印图案中，多处印有胶印缩微文字，在放大镜下可看到"RMB5"和"5"字样。

（3）全息磁性开窗安全线：正面中间偏左，有一条开窗安全线，开窗部分可以看到由缩微字符"¥5"组成的全息图案,仪器检测有磁性。

(4) 隐形面额数字:正面右上方有一椭圆形图案,将钞票置于与眼睛接近平行的位置,面对光源做上下倾斜晃动,可以看到面额数字(5)字样。

(5) 凹印手感线:正面主景图案右侧,有一组自上而下规则排列的线纹,采用雕刻凹版印刷工艺印制,用手指触摸,有极强的凹凸感。

(6) 双色横号码:正面左下角印有双色横号码,左侧部分为暗红色,右侧部分为黑色。

(7) 白水印:位于正面双色异形横号码下方,迎光透视,可以看到透光性很强的水印(5)字样。

(8) 雕刻凹版印刷:正面主景毛泽东头像、"中国人民银行"行名、面额数字、盲文面额标记和背面主景"泰山"图案等均采用雕刻凹版印刷,用手指触摸有明显凹凸感。

(9) 手工雕刻头像:正面主景毛泽东头像,采用手工雕刻凹版印刷工艺,形象逼真、传神,凹凸感强,易于识别。

(10) 汉语拼音"YUAN"和年号改为"2005年":背面主景图案下方的面额数字后面,增加人民币单位元的汉语拼音"YUAN";年号为"2005年"。

图4-17 2005年版5元防伪特征

二、2005年版各票面纸币防伪特征分析（表4-1）

表4-1　　　　　　　　2005年版第五套人民币防伪特征分析——纸币

		100元	50元	20元	10元	5元
票面设计	发行时间	2005-8-31	2005-8-31	2005-8-31	2005-8-31	2005-8-31
	规格	155MM*77MM	150MM*70MM	145MM*70MM	140MM*70MM	135MM*63MM
	主色调	红色	绿色	棕色	蓝黑色	紫色
	正面主景	毛泽东头像	毛泽东头像	毛泽东头像	毛泽东头像	毛泽东头像
	背面主景	人民大会堂	布达拉宫	桂林山水	长江三峡	泰山
公众防伪	固定水印	固定人像水印：毛泽东头像	固定人像水印：毛泽东头像	固定花卉水印：荷花	固定花卉水印：月季花	固定花卉水印：水仙花
	白水印	100	50	20	10	5
	安全线	全息磁性开窗安全线开窗在背面，¥100	全息磁性开窗安全线开窗在背面，¥50	全息磁性开窗安全线开窗在正面，¥20	全息磁性开窗安全线开窗在正面，¥10	全息磁性开窗安全线开窗在正面，¥5
	手工雕刻头像	毛泽东头像	毛泽东头像	毛泽东头像	毛泽东头像	毛泽东头像
	隐形面额数字	100	50	20	10	5
	胶印缩微文字	RMB100、RMB	RMB50、50	RMB20	RMB10	RMB5、5
	光变油墨面额数字	绿变蓝	金变绿	无	无	无
	胶印对印图案	古钱币	古钱币	古钱币	古钱币	无
	雕刻凹版印刷	正面国徽、行名、主景、面额、装饰图案、团花、凹印手感线、盲文面额标记、背面主景、民族文字、凹印缩微文字、年号、行长章	正面国徽、行名、主景、面额、装饰图案、团花、凹印手感线、盲文面额标记、背面主景、民族文字、凹印缩微文字、年号、行长章	正面国徽、行名、主景、面额、装饰图案、团花、凹印手感线、盲文面额标记、背面主景、民族文字、凹印缩微文字、年号、行长章	正面国徽、行名、主景、面额、装饰图案、团花、凹印手感线、盲文面额标记、背面主景、民族文字、凹印缩微文字、年号、行长章	正面国徽、行名、主景、面额、装饰图案、团花、凹印手感线、盲文面额标记、背面主景、民族文字、凹印缩微文字、年号、行长章
	冠字号码	双色异型横号码，二位冠字、八位号码，左红右黑	双色异型横号码，二位冠字、八位号码，左红右黑	双色横号码，二位冠字、八位号码，左红右黑	双色横号码，二位冠字、八位号码，左红右黑	双色横号码，二位冠字、八位号码，左红右黑
	凹印手感线	有	有	有	有	有

续表

		100元	50元	20元	10元	5元
专业防伪	胶印接线印刷	有	有	有	有	无
	凹印接线印刷	有	有	有	有	有
	凹印缩微文字	RMB100，人民币，100	RMB50，人民币，50	RMB20，人民币，20	RMB10，人民币，10	RMB5，人民币，5
	无色荧光油墨印刷图案	100	50	20	10	5
	有色荧光油墨印刷图案	桔黄色	黄色	绿色	黄色	绿色
	无色荧光纤维	黄、蓝	黄、蓝	黄、蓝	黄、蓝	黄、蓝
	磁性号码	有	有	有	有	有
	特种标记	有	有	有	有	有
	专用纸张	中性	中性	中性	中性	中性
公众防伪		11项	11项	10项	10项	9项
专业防伪		9项	9项	9项	9项	8项

实训1　第五套人民币（2005年版）100元、50元的防伪特征训练

一、单项选择题

1. 人民币是中国人民银行依法发行的货币，包括（　　）。
A. 主币和辅币　　　　　B. 纸币和硬币　　　　C. 流通币和退出流通币
2. 第五套人民币 2005 年版公告发行时间是（　　）。
A. 2005 年 9 月 1 日　　B. 2005 年 8 月 31 日　C. 2005 年 10 月 1 日
3. 《中华人民共和国中国人民银行法》明确规定：人民币由（　　）统一发行。
A. 中国人民银行　　　　B. 国务院　　　　　　C. 中华人民共和国
4. 2005 年版第五套人民币共发行（　　）个券别，其中有（　　）种面额硬币。
A. 6、3　　　　　　　　B. 5、3　　　　　　　C. 6、1
5. 第五套人民币 100 元纸币正面主景是（　　），背面主景是（　　）图案。
A. 毛泽东头像、人民大会堂　　　B. 毛泽东头像、布达拉宫
C. 毛泽东头像、桂林山水
6. 第五套人民币 50 元纸币正面主景是（　　），背面主景是（　　）图案。
A. 毛泽东头像、人民大会堂　　　B. 毛泽东头像、布达拉宫
C. 毛泽东头像、桂林山水
7. 2005 年版第五套人民币 50 元纸币正面行名下方底纹中的胶印微缩文字是（　　）。
A. "50""RMB50"字样　　　　　B. "RMB""RMB50"字样
C. "50""RMB"字样

8. 第五套人民币100元纸币的光变面额数字垂直观察的颜色变化是由（　　）。
   A. 绿变金　　　　　　B. 绿变蓝　　　　　　C. 蓝变黄
9. 第五套人民币2005年版100元、50元纸币的冠字号码颜色是（　　）。
   A. 暗红色、黑色　　　B. 红色、黑色　　　　C. 红色、蓝色
10. 第五套人民币2005年版100元、50元纸币的冠字号码是（　　）。
    A. 双色横号码　　　　B. 双色异形横号码　　C. 横竖双号码

二、多项选择题

1. （　　）防伪措施需迎光透视观察。
   A. 光变油墨　　　B. 水印　　　C. 隐形面额数字　　　D. 胶印对印图案
   E. 凸印缩微文字
2. 2005年版第五套人民币50元纸币正面（　　）是采用雕刻凹版印刷的。
   A. 头像　　　　　B. 行名　　　C. 国徽　　　　　　　D. 对印图案
   E. 含隐形面额数字的装饰图案
3. 第五套人民币采用固定人像水印的有（　　）。
   A. 100元　　　　B. 50元　　　C. 20元　　　　　　　D. 10元
   E. 5元
4. 2005年版第五套人民币（　　）券别纸币采用了胶印对印图案的防伪措施。
   A. 100元　　　　B. 50元　　　C. 20元　　　　　　　D. 10元
   E. 5元
5. 2005年版第五套人民币（　　）券别纸币采用了透光性很强的白水印防伪特征。
   A. 100元　　　　B. 50元　　　C. 20元　　　　　　　D. 10元
   E. 5元
6. 2005年版第五套人民币（　　）券别纸币采用了双色异形横号码。
   A. 100元　　　　B. 50元　　　C. 20元　　　　　　　D. 10元
   E. 5元
7. 2005年版第五套人民币（　　）券别纸币采用背开式全息磁性开窗安全线。
   A. 100元　　　　B. 50元　　　C. 20元　　　　　　　D. 10元
   E. 5元
8. 2005年版第五套人民币纸币采用光变油墨面额数字的有（　　）。
   A. 100元　　　　B. 50元　　　C. 20元　　　　　　　D. 10元
   E. 5元　　　　　F. 1元

三、判断题

1. 当前市场上流通的第5套人民币有1999年和2005年两种版别。　　　　（　　）
2. 第五套人民币100元、50元和10元纸币上的"阴阳互补对印图案"是花卉。
   　　　　　　　　　　　　　　　　　　　　　　　　　　　　　　　（　　）

3. 2005年版的50元人民币背面主题为"西藏"。（ ）
4. 2005年版第五套人民币100元、50元纸币在正面主景图案右侧都有凹印手感线。（ ）
5. 第五套人民币2005年版100元、50元纸币安全线包含的防伪措施是全息图案、缩微文字、开窗和磁性。（ ）

四、简答题

按图4-18中标识写出100元的防伪特征。

图4-18

1. _____   2. _____   3. _____
4. _____   5. _____   6. _____
7. _____   8. _____   9. _____
10. _____ 11. _____ 12. _____
13. _____ 14. _____

实训 2　第五套人民币（2005 年版）20、10、5 及（1999 年版）1 元的防伪特征训练

一、单项选择题

1. 第五套人民币 20 元纸币背面主景图案是（　　）。
   A. 长江三峡　　　　　　B. 布达拉宫　　　　　　C. 桂林山水
2. 为完善币制，满足市场货币流通的需要，第五套人民币在第四套人民币的基础上，新增加了（　　）面额钞票。
   A. 20 元　　　　　　　B. 50 元　　　　　　　　C. 100 元
3. 第五套人民币 10 元纸币正面主景是（　　）图案，背面主景是（　　）图案。
   A. 毛泽东头像、布达拉宫
   B. 毛泽东头像、桂林山水
   C. 毛泽东头像、长江三峡
4. 第五套人民币 5 元纸币正面主景是（　　）图案，背面主景是（　　）图案。
   A. 毛泽东头像、人民大会堂
   B. 毛泽东头像、布达拉宫
   C. 毛泽东头像、泰山
5. 第五套人民币 1 元纸币背面主景图案是（　　）。
   A. 泰山　　　　　　　　B. 西湖　　　　　　　　C. 桂林山水
6. 第五套人民币 10 元纸币安全线包括的防伪措施是（　　）。
   A. 全息、磁性、开窗　　B. 磁性、荧光、开窗　　C. 全息、荧光、开窗
7. 第五套人民币 5 元纸币的白水印图案是（　　）。
   A. "5"　　　　　　　　B. 水仙花　　　　　　　C. "RMB5"
8. 第五套人民币 5 元纸币的固定花卉水印是（　　）图案。
   A. 兰花　　　　　　　　B. 荷花　　　　　　　　C. 水仙花

二、多项选择题

1. 第五套人民币采用固定花卉水印的有（　　）。
   A. 100 元　　　　　　　B. 50 元
   C. 20 元　　　　　　　　D. 10 元
   E. 5 元
2. 第五套人民币 2005 年版 20 元纸币的防伪特征有（　　）。
   A. 白水印　　　　　　　B. 凹印手感线
   C. 胶印对印图案　　　　D. 双色异形横号码

3. 第五套人民币 2005 年版（　　）券别纸币采用双色横号码。
   A. 100 元 B. 50 元
   C. 20 元   D. 10 元
   E. 5 元

4. 第五套人民币 2005 年版（　　）券别纸币采用正开式全息磁性开窗安全线。
   A. 100 元 B. 50 元
   C. 20 元   D. 10 元
   E. 5 元

5. 对第五套人民币 2005 年版 20 元纸币的防伪特征全息磁性开窗安全线正确叙述的有（　　）。
   A. 正面中间偏左
   B. 背面开窗
   C. 开窗部分可以看到由缩微字符"￥20"组成的全息图案
   D. 仪器检测有磁性

三、判断题

1. 10 元券人民币票面主色调为蓝色。（　　）
2. 10 元人民币背面主景为"泰山"图案。（　　）
3. 10 元人民币正面左侧空白处，迎光透视，可以看到立体感很强的月季花水印。（　　）
4. 5 元券人民币背面主景为"长江三峡"图案。（　　）
5. 1 元人民币的背面主景图案为杭州西湖。（　　）
6. 5 元券人民币位于左侧空白处，迎光透视，可以看到立体感很强的荷花水印。（　　）
7. 1 元券人民币票面主色为浅绿色。（　　）
8. 固定水印：均位于各票面正面右侧空白处，迎光透视，可以看到立体感很强的水印。（　　）
9. 第五套人民币纸币正面主景毛泽东头像，均采用手工雕刻凹版印刷工艺，形象逼真、传神，凹凸感强。（　　）
10. 第五套人民币的 5 元人民币正面左侧空白处，迎光透视，可以看到立体感很强的兰花水印。（　　）
11. 20 元纸币的左下角有古钱币圆形图案。（　　）
12. 20 元的水印是莲花。（　　）
13. 20 元人民币的背面主景为长江三峡。（　　）

四、简答题

按图 4-19 中标识写出 20 元的防伪特征。

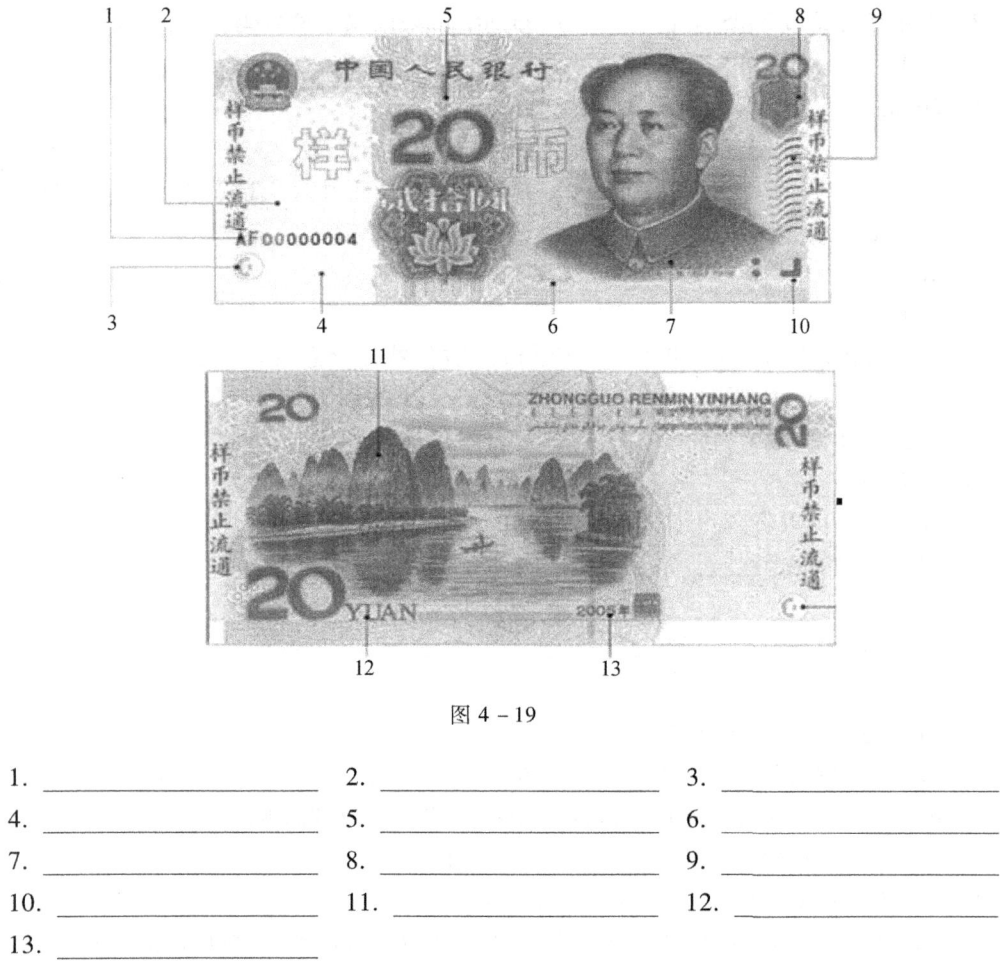

图 4－19

1. _____ 2. _____ 3. _____
4. _____ 5. _____ 6. _____
7. _____ 8. _____ 9. _____
10. _____ 11. _____ 12. _____
13. _____

活动 2　第五套人民币（2015 年版）的防伪特征

2005 年版第五套人民币 100 元纸币发行十年期间，现金流通和银行业金融机构对钞票处理的手段发生了巨大变化，自动售货设备和现金自动处理设备也蓬勃发展，对人民币的机读性能提出了更高要求。同时一些不法分子也不断利用新技术来伪造人民币，给公众识别带来了困难。有资料统计仅 2012 年至 2014 年三年时间内，全国公安机关分别缴获假币 3.29 亿元、4.15 亿元、5.32 亿元，增幅都在 25% 以上，反假钞形势严峻。此外，发行新版百元钞有利于人民币国际化进程。按照国际惯例，一般 5 到 8 年会进行一次货币改版升级。美元、欧元等主流币种已在 2013 年进行了改版，境外不法分子仿制这些币种的难度增加。在此情况下，中国人民银行发行了 2015 年版第五套人民币 100 元纸币，在保持规格、主图案、主色调等与 2005 年版第五套人民币 100 元纸币不变的前提下，对票面图案、防伪特征及其布局进行了调整，提高机读性能，采用了先进的公众防伪技术，使公众更易于识别真伪。

一、2015 年版第五套人民币 100 元纸币的防伪特征

2015 年 11 月 12 日中国人民银行发行的 2015 年版第五套人民币 100 元纸币的样币见图 4 – 20，其主要防伪特征如下。

图 4 – 20 2015 年版第五套人民币 100 元纸币的票样

（1）光变镂空开窗安全线（见图 4 – 21），位于票面正面的右侧。当垂直观察票面时，这条安全线呈现品红色，而与票面成一定角度观察时，安全线又会呈现绿色；透光观察，你还可以看到安全线中正反交替排列着镂空文字"￥100"字样。

（2）光彩光变数字（见图 4 – 22）：在票面正面的中部有面额数字 100，垂直观察数字是金色；平视观察则变为绿色。随着观察角度的改变，数字颜色在金色和绿色之间交替变化，还可以看到一条亮光带上下滚动。

图 4 – 21　　　　　　　　　　　图 4 – 22

（3）人像水印（见图 4 – 23）：在票面正面左侧空白处，在透光观察时就可看到与人像相同、立体感很强的毛泽东头像水印。

（4）胶印对印图案（见图 4 – 24）：在票面正面左下方和背面右下方，两面都有数字"100"的局部图案。在透光观察的情况下，正背面图案就可以组成一个完整的"100"。

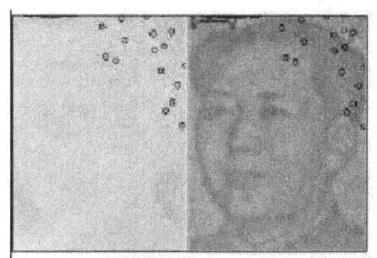 

图 4 – 23　　　　　　　　　　　图 4 – 24

（5）横竖双号码（见图 4 – 25）：位于票面正面左下方是横号码，冠字和前两位数字是暗红色，后六位数字为黑色；而票面正面右侧则是蓝色的竖号码。

（6）白水印（见图 4 – 26）：位于票面正面横号码下方，透光观察时，可以看到透光性很强的水印面额数字"100"。

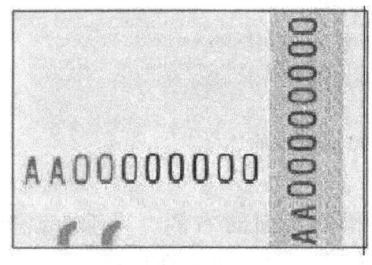 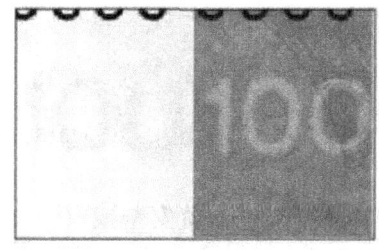

图 4 – 25　　　　　　　　　　　图 4 – 26

（7）雕刻凹印（见图 4 – 27）：在毛泽东头像、国徽、"中国人民银行"行名、右上角面额数字、盲文及背面人民大会堂全部采用雕刻凹印印刷，当用手指触摸时会有明显的凹凸感。

图 4-27

二、2015 年版第五套人民币 100 元与 2005 年版 100 元防伪特征对比

2015 年版第五套人民币 100 元纸币是 2005 年版第五套人民币 100 元纸币（见图 4-28、图 4-29）的升级版，它在保持规格、正背面主图案、主色调等不变的情况下，对图案做了以下调整：

（一）正面图案主要调整

图 4-28　2005 年版 100 元纸币正面

图 4-29　2015 年版 100 元纸币正面

（1）取消了票面右侧的凹印手感线（见图 4-30）、隐形面额数字（见图 4-31）和左下角的光变油墨面额数字。

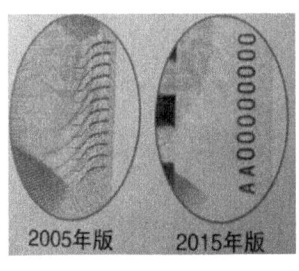

图 4-30

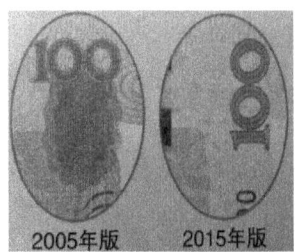

图 4-31

（2）票面中部增加了光彩光变数字（见图 4-32），票面右侧增加了光变镂空开窗安全线（见图 4-33）和竖号码（见图 4-30）。

 2015年版票面行名下方增加光彩光变数字

 2015年版票面右侧增加光变镂空开窗安全线

图 4-32　　　　　　　　　图 4-33

（3）票面右上角面额数字由横排改为竖排，并对数字样式做了调整（见图4-34）；胶印对印图案由古钱币图案改为面额数字"100"，并由票面左侧中间位置调整至左下角（见图4-35）；中央团花图案中心花卉色彩由桔红色调整为紫色，取消花卉外淡蓝色花环，并对团花图案、接线形式做了调整（图4-36）。

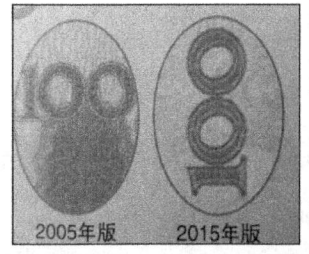 2015年版票面右上角面额数字由横排改为竖排，并对数字样式做了调整

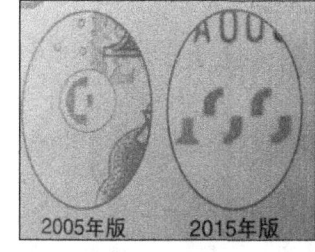 2015年版票面将胶印对印图案由古钱币图案改为面额数字"100"，并由票面左侧中间位置调整至左下角

图 4-34　　　　　　　　　图 4-35

 2015年版中央花图案中心花卉色彩由桔红色调整为紫色，取消花卉外淡蓝色花环，并对花图案、接线形式做了调整

图 4-36

（二）背面图案主要调整（见图4-37、图4-38）

图 4-37　2005年版100元纸币背面

图 4-38　2015年版100元纸币背面

（1）取消了全息磁性开窗安全线（见图4-39）和右下角的防复印标记（见图4-40）。

2015年版取消票面中部的全息磁性开窗安全线

图4-39

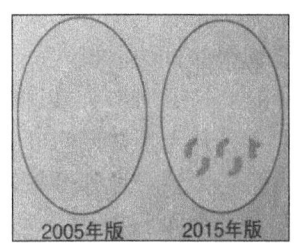
2015年版取消了右下角的防复印标记

图4-40

（2）减少了票面左右两侧边部胶印图纹，适当留白（见图4-41）；胶印对印图案由古钱币图案改为面额数字"100"，并由票面右侧中间位置调整至右下角；面额数字"100"上半部颜色由深紫色调整为浅紫色，下半部由大红色调整为桔红色，并对线纹结构进行了调整；票面局部装饰图案色彩由蓝、红相间调整为紫、红相间；左上角、右上角面额数字样式均做了调整。

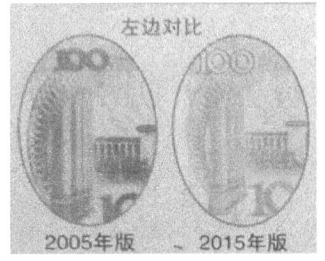

减少了票面左右两侧边部的胶印图纹，适当留白

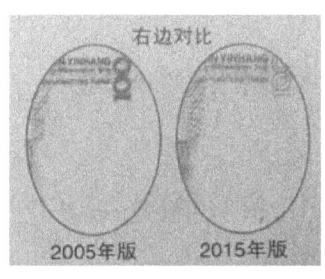

图4-41

（3）年号调整为"2015年"（见图4-42）。

大面额数字"100"上半部颜色由深紫色调整为浅紫色，下半部颜色由大红色调整为桔红色

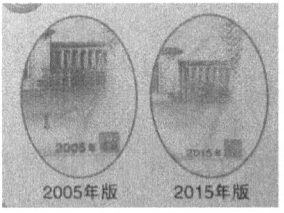
年版号调整为"2015年"

图4-42

三、2015年版第五套人民币100元纸币与2005年版第五套人民币100元纸币的防伪技术和印制质量的改进和提升

2015年版第五套人民币100元纸币集成应用的防伪技术更为先进，布局更为合理，防伪技术水平较2005年版100元纸币有明显提升。人像水印清晰度明显提升，层次更加丰富。光彩光变技术是国际钞票防伪领域公认的前沿公众防伪技术之一，公众更容易识别。目前全世界已有包括中国、俄罗斯、欧元区在内的多个国家和地区的钞票采用了该技术。近年来，我们发现一些不法分子采用真假拼接的办法变造人民币；此外，由于人民币

在使用过程中各部位磨损不同,单一号码会增大机具设备误判率。针对以上情况,2015年版第五套人民币 100 元纸币采用了横竖双号码,以达到防范拼接变造币和提高机具对钞票冠字号码识别准确率的目的。安全线是人民币的重要防伪特征。2015 年版第五套人民币 100 元纸币针对公众的识别和机具设备的识别,设计了两条安全线。其中,光变镂空开窗安全线线宽 4 毫米,其光变性能对光源要求不高,颜色变化明显,集成镂空文字特征,更加有利于公众识别。磁性全埋安全线采用了特殊磁性材料和先进技术,机读性能更好。另外,光变镂空开窗安全线和磁性全埋安全线分别位于票面两边,也有利于防止变造人民币。

实训 3　第五套人民币（2015 年版）100 元的防伪特征训练

一、单项选择题

1. 按照国际惯例，一般（　　）年会进行一次货币改版升级。
   A. 5 到 8　　　　　　　　B. 8
   C. 10　　　　　　　　　　D. 3 到 5
2. 光变镂空开窗安全线位于票面（　　）。
   A. 左侧　　　　　　　　　B. 右侧
   C. 上方　　　　　　　　　D. 下方
3. 光彩光变数字位于票面正面的（　　），是国际钞票防伪领域公认的前沿公众防伪技术之一，公众更容易识别。
   A. 中部　　　　　　　　　B. 左侧
   C. 右侧　　　　　　　　　D. 下面
4. 在票面正面左侧空白处，在透光观察时就可看到与人像相同、立体感很强的（　　）头像水印。
   A. 邓小平　　　　　　　　B. 毛泽东
   C. 周恩来　　　　　　　　D. 习近平
5. 在票面正面左下方和背面右下方，两面都有数字"100"的局部图案。在（　　）观察的情况下，正背面图案就可以组成一个完整的"100"。
   A. 平视　　　　　　　　　B. 俯视
   C. 迎光　　　　　　　　　D. 透光
6. 在毛泽东头像、国徽、"中国人民银行"行名、右上角面额数字、盲文及背面人民大会堂全部采用雕刻凹印印刷，当用手指触摸时会有明显的（　　）。
   A. 手感　　　　　　　　　B. 光滑感
   C. 阻力感　　　　　　　　D. 凹凸感
7. 正面的胶印对印图案由古钱币图案改为面额数字"100"，并由票面左侧中间位置调整至（　　）。

A. 左上角 B. 右侧中间
C. 右下角 D. 左下角

8. 光变镂空开窗安全线和磁性全埋安全线分别位于票面两边，也有利于（　　）。
A. 机读 B. 公众识别
C. 防止变造人民币 D. 降低防伪成本

二、多项选择题

1. 中国人民银行共发行了（　　）三个版本的第五套人民币。
A. 1999 年版 B. 2005 年版
C. 2015 年版 D. 2019 年版

2. 目前市面上流通的第五套人民币主要是（　　）两个版本。
A. 1999 年版 B. 2005 年版
C. 2015 年版 D. 2019 年版

3. 中国人民银行决定发行 2015 年版第五套人民币 100 元纸币的原因有：（　　）。
A. 更好地保护人民币持有人的利益
B. 不断提高钞票的防伪技术和印制质量
C. 保持人民币防伪技术的领先地位
D. 有利于人民币国际化进程

4. 2015 年版第五套人民币 100 元纸币在保持规格、主图案、主色调等与 2005 年版第五套人民币 100 元纸币不变的前提下，对票面图案、防伪特征及其布局进行了调整，其特点是（　　）。
A. 提高机读性能 B. 采用了先进的公众防伪技术
C. 便于公众识别真伪乎 D. 降低了防伪制作成本

5. 垂直观察票面时，光变镂空开窗安全线呈现（　　）色，而与票面成一定角度观察时，安全线又会呈现（　　）色；透光观察，你还可以看到安全线中正反交替排列着镂空文字（　　）字样。
A. 品红 B. 绿
C. RMB100 D. ￥100

6. 垂直观察光彩光变数字时数字是（　　）色；平视观察则变为（　　）色。随着观察角度的改变，数字颜色在上述两种颜色之间交替变化，还可以看到一条（　　）的亮光带。
A. 金 B. 黄
C. 绿 D. 闪亮
E. 上下滚动

7. 位于票面正面左下方是横号码，冠字和前两位数字是（　　）色，后六位数字为（　　）色；而票面正面右侧则是（　　）色的竖号码。
A. 大红 B. 暗红
C. 黑 D. 蓝

8. 2015 年版第五套人民币 100 元纸币是 2005 年版第五套人民币 100 元纸币的升级版，它对正面图案做的调整中取消了（　　）。

A. 凹印手感线　　　　　B. 隐形面额数字

C. 光变油墨面额数字　　D. 白水印

9. 2015 年版第五套人民币 100 元纸币对正面图案做的调整中增加了（　　）。

A. 光彩光变数字　　　　B. 光变镂空开窗安全线

C. 横号码　　　　　　　D. 竖号码

10. 2015 年版第五套人民币 100 元纸币与 2005 年版第五套人民币 100 元纸币的防伪技术和印制质量主要的改进和提升有（　　）。

A. 人像水印清晰度明显提升，层次更加丰富

B. 增加了光彩光变技术

C. 采用了横竖双号码

D. 使用了两条安全线

活动 3　第五套人民币（2019 年版）的防伪特征

为适应人民币流通使用的发展变化，更好地维护人民币信誉和持有人利益，提升人民币整体防伪能力，保持第五套人民币系列化，中国人民银行决定于 2019 年 8 月 30 日起发行 2019 年版第五套人民币 50 元、20 元、10 元、1 元纸币和 1 元、5 角、1 角硬币，在保持现行第五套人民币主图案等相关要素不变的前提下，对票（币）面效果、防伪特征及其布局等进行了调整，采用先进的防伪技术，提高防伪能力和印制质量，使公众和自助设备易于识别。

一、2019 年版第五套人民币防伪特征设计的思路

2019 年版第五套人民币 50 元、20 元、10 元、1 元纸币分别保持 2005 年版第五套人民币 50 元、20 元、10 元纸币和 1999 年版第五套人民币 1 元纸币规格、主图案、主色调、"中国人民银行"行名、国徽、盲文面额标记、汉语拼音行名、民族文字等要素不变，提高了票面色彩鲜亮度，优化了票面结构层次与效果，提升了整体防伪性能。

2019 年版第五套人民币 50 元、20 元、10 元、1 元纸币调整正面毛泽东头像、装饰团花、横号码、背面主景和正背面面额数字的样式，增加正面左侧装饰纹样，取消正面右侧凹印手感线和背面右下角局部图案，票面年号改为"2019 年"。与以往版本的纸币相比具体可总结为三个新的变化。

1. 更强的防伪技术易识别

新版 50 元、20 元和 10 元纸币正面中部面额数字调整为光彩光变面额数字。新版 50 元、20 元和 10 元纸币右侧增加了光变镂空开窗安全线和竖号码。安全线中交替排列着镂空的面额数字，变换角度观察时安全线颜色变化明显，便于识别。同时，增添竖号码后可以有效防范变造纸币。此外，2019 年版第五套人民币纸币还明显提升了水印清晰度和层次效果，延续 2015 年版第五套人民币 100 元纸币冠字号码字形设计，便于人工和现金机具识别。

2. 更高的印刷质量耐流通

新版第五套人民币纸币采取了多种措施提升印制质量。例如，提高钞票纸强度，延长其流通寿命；在纸币两面采用抗脏污保护涂层，明显改善整洁度等。

3. 更亮的票面色彩添美观

新版硬币主要调整了正面面额数字的造型，背面花卉图案适当收缩。新版硬币的正面面额数字改为斜体后，数字字体简洁大方，视觉效果更活泼、富有动感，更加突出和醒目。

二、2019 年版第五套人民币外观及防伪特征与现行第五套人民币纸币（2005 年版 50 元、20 元、10 元纸币，1999 年版 1 元纸币）、硬币（1999 年版 1 元、5 角硬币，2005 年版 1 角硬币）的区别

（一）纸币

与 2005 年版第五套人民币 50 元、20 元、10 元纸币和 1999 年版第五套人民币 1 元纸币相比，2019 年版第五套人民币 50 元、20 元、10 元、1 元纸币提高了票面色彩鲜亮度，优化了票面结构层次与效果，采用了更强的防伪技术。

1. 50 元纸币（见图 4-43）

图 4-43　2019 年版第五套人民币 50 元纸币图案

（1）光彩光变面额数字（见图 4-44）：正面中部面额数字调整为光彩光变面额数字"50"，随着观察角度的改变，数字"50"的颜色在绿色和蓝色之间交替变化，并可见一条亮光带在数字部位上下滚动。

（2）动感光变镂空开窗安全线（见图4-45）：光变镂空开窗安全线具有颜色变化和镂空文字特征，易于公众识别，是一项常用的公众防伪特征。50元纸币采用的动感光变镂空开窗安全线位于票面右侧，改变钞票观察角度，安全线颜色在红色和绿色之间变化，亮光带上下滚动。透光观察可见"￥50"字样。

（3）雕刻凹印（见图4-46）：票面正面毛泽东头像、国徽、"中国人民银行"行名、装饰团花、右上角面额数字、盲文面额标记及背面主景等均采用雕刻凹版印刷，触摸有凹凸感。

图4-44　　　　　　　　　　图4-45　　　　　　　　　　图4-46

（4）横竖双号码（见图4-43）：新版50元纸币增添了竖号码，可以有效防范变造纸币。左侧横号码的样式为双色异形横号码，其冠字和前两位数字为暗红色，后六位数字为黑色。右侧竖号码冠字和数字均为蓝色。

（5）水印（见图4-47、图4-48）：2019年版50元纸币明显提升了水印清晰度和层次效果。人像水印位于票面正面左侧的空白处，透光观察可见毛泽东头像。人像水印清晰度明显提升，层次更加丰富。白水印位于票面正面横号码下方，透光观察可见水印面额数字"50"字样。

（6）胶印对印图案图（见图4-49）：票面正面左下角和背面右下角均有面额数字"50"的局部图案。透光观察，正背面图案组成一个完整的面额数字"50"字样。

图4-47　　　　　　　　　　图4-48　　　　　　　　　　图4-49

其他变化还有调整装饰团花的样式；左侧增加装饰纹样，取消左下角光变油墨面额数字；调整毛泽东头像、右上角面额数字的样式，取消凹印手感线。背面调整主景、面额数字、胶印对印图案的样式，取消全息磁性开窗安全线和右下角局部图案，年号改为"2019 年"。

2. 20 元纸币（见图 4-50）

图 4-50 2019 年版第五套人民币 20 元纸币图案

（1）光彩光变面额数字（见图 4-51）：正面中部面额数字调整为光彩光变面额数字"20"，随着观察角度的改变，数字"20"的颜色在金色和绿色之间交替变化，并可见一条亮光带在数字部位上下滚动。

（2）光变镂空开窗安全线（见图 4-52）：20 元纸币采用的光变镂空开窗安全线位于票面右侧，与 2015 年版 100 元纸币类似，改变钞票观察角度，安全线颜色在红色和绿色之间变化，透光观察可见"￥20"字样。

（3）雕刻凹印（见图 4-53）：票面正面毛泽东头像、国徽、"中国人民银行"行名、装饰团花、右上角面额数字、盲文面额标记及背面主景等均采用雕刻凹版印刷，触摸有凹凸感。

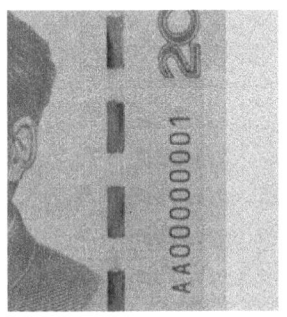

图 4-51　　　　　　　图 4-52　　　　　　　图 4-53

(4) 横竖双号码（见图4-50）：新版20元纸币增添了竖号码，可以有效防范变造纸币。左侧横号码的样式调整为双色异形横号码，其冠字和前两位数字为暗红色，后六位数字为黑色。右侧竖号码冠字和数字均为蓝色。

(5) 水印（见图4-54、图4-55）：2019年版20元纸币明显提升了水印清晰度和层次效果。花卉水印位于票面正面左侧的空白处，透光观察可见立体感很强的荷花水印。花卉水印清晰度明显提升，层次更加丰富。白水印位于票面正面横号码下方，透光观察可见水印面额数字"20"字样。

(6) 胶印对印图案（见图4-56）：票面正面左下角和背面右下角均有面额数字"20"的局部图案。透光观察，正背面图案组成一个完整的面额数字"20"字样。

图4-54

图4-55

图4-56

其他变化还有调整装饰团花的样式；左侧增加装饰纹样，取消左下角光变油墨面额数字；调整毛泽东头像、右上角面额数字的样式，取消凹印手感线。背面调整主景、面额数字、胶印对印图案的样式，取消全息磁性开窗安全线和右下角局部图案，年号改为"2019年"。

3. 10元纸币（见图4-57）

图4-57　2019年版第五套人民币10元纸币图案

（1）光彩光变面额数字（见图 4-58）：正面中部面额数字调整为光彩光变面额数字"10"，随着观察角度的改变，数字"10"的颜色在绿色和蓝色之间交替变化，并可见一条亮光带在数字部位上下滚动。

（2）光变镂空开窗安全线（见图 4-59）：2019 年版 10 元纸币采用光变镂空开窗安全线，与 2015 年版 100 元纸币类似，改变钞票观察角度，安全线颜色在红色和绿色之间变化，透光观察可见"￥10"字样。

（3）雕刻凹印（见图 4-60）：票面正面毛泽东头像、国徽、"中国人民银行"行名、装饰团花、右上角面额数字、盲文面额标记及背面主景等均采用雕刻凹版印刷，触摸有凹凸感。

 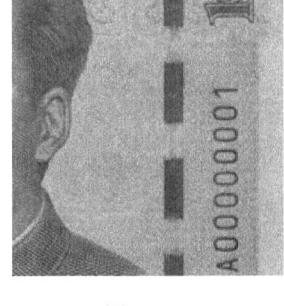 

图 4-58　　　　　　　图 4-59　　　　　　　图 4-60

（4）横竖双号码（见图 4-57）：新版 10 元纸币增添了竖号码，可以有效防范变造纸币。左侧横号码的样式调整为双色异形横号码，其冠字和前两位数字为暗红色，后六位数字为黑色。右侧竖号码冠字和数字均为蓝色。

（5）水印（见图 4-61、图 4-62）：2019 年版 10 元纸币明显提升了水印清晰度和层次效果。花卉水印位于票面正面左侧的空白处，透光观察可见立体感很强的月季花水印。花卉水印清晰度明显提升，层次更加丰富。白水印位于票面正面横号码下方，透光观察可见水印面额数字"10"字样。

（6）胶印对印图案（见图 4-63）：票面正面左下角和背面右下角均有面额数字"10"的局部图案。透光观察，正背面图案组成一个完整的面额数字"10"字样。

图 4-61　　　　　　　图 4-62　　　　　　　图 4-63

其他变化还有调整装饰团花的样式；左侧增加装饰纹样，取消左下角光变油墨面额数字；调整毛泽东头像、右上角面额数字的样式，取消凹印手感线。背面调整主景、面额数字、胶印对印图案的样式，取消全息磁性开窗安全线和右下角局部图案，年号改为"2019年"。

4. 1元纸币（见图4-64）

图4-64 2019年版第五套人民币1元纸币图案

新版1元纸币增加了面额数字白水印（见图4-65），白水印位于票面正面横号码下方，透光观察可见水印面额数字"1"。花卉水印位于票面正面左侧的空白处，透光观察可见立体感很强的兰花水印（见图4-66）。正面中部调整面额数字、装饰团花的样式；左侧增加装饰纹样，调整横号码的样式为双色异形横号码，取消左下角装饰纹样；右侧调整毛泽东头像的样式，取消凹印手感线。

背面调整主景（图4-67）、面额数字的样式，取消右下角局部图案，年号改为"2019年"。

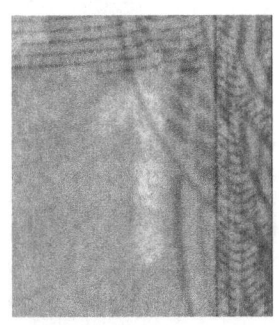 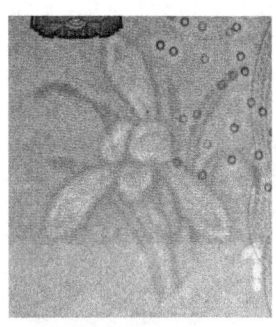 

图4-65　　　　　　图4-66　　　　　　图4-67

(二) 硬币

与1999年版第五套人民币1元、5角硬币和2005年版第五套人民币1角硬币相比，2019年版第五套人民币1元、5角、1角硬币调整了正面面额数字的造型，背面花卉图案适当收缩。面额数字的字体由衬线体调整为无衬线体后，数字的字体简洁大方、更易识别，与相邻的面额拼音、人民币单位的字体字形更加协调统一，具有较强的时代感。面额数字造型作倾斜处理后，视觉效果更活泼、富有动感，更加突出和醒目；面额数字轮廓线的粗细变化，强化了数字造型的立体效果，进一步提升了识别性。

1. 1元硬币（见图4-68）

图4-68 2019年版第五套人民币1元硬币正反面图案

直径由25毫米调整为22.25毫米，直径缩小，既方便携带，也节约造币成本。正面面额数字"1"轮廓线内增加隐形图文"¥"和"1"，转动硬币，从特定角度可以观察到"¥"，从另一角度可以观察到"1"。边部增加圆点。

2. 5角硬币（见图4-69）

图4-69 2019年版第五套人民币5角硬币正反面图案

1999年版第五套人民币5角硬币采用的钢芯镀铜合金生产工艺，根据国家产业政策，属于拟淘汰的落后工艺。基于工艺升级和流通方便等方面考虑，新版5角硬币改变了材质由钢芯镀铜合金改为钢芯镀镍，色泽由金黄色改为镍白色。正背面内周缘由圆形调整为多边形，曾经的菊花1角就是这个设计，当初是为了方便盲人快速鉴别各种面值的硬币。

3. 1角硬币（见图4-70）

图4-70　2019年版第五套人民币1角硬币正反面图案

新版1角硬币正面边部增加圆点。

实训4　第五套人民币（2019年版）50、20、10、1元的防伪特征训练

一、单项选择题

1. 第五套人民币2019年版发行时间确定为从（　　）起。
   A. 2019年7月1日　　　　　　B. 2019年8月30日
   C. 2019年10月1日　　　　　 D. 2019年12月30日
2. 2019年发行的第五套人民币暂时没有安排改版的是（　　）。
   A. 50元　　　　　　　　　　B. 20元
   C. 10元　　　　　　　　　　D. 5元
   E. 1元纸币　　　　　　　　 F. 1角硬币
3. 新版纸币正面中部面额数字没有调整为光彩光变面额数字的是（　　）。
   A. 50元　　　　　　　　　　B. 20元
   C. 10元　　　　　　　　　　D. 1元
4. 新版50元光彩光变面额数字"50"的颜色在（　　）之间交替变化，并可见一条光带在数字部位上下滚动。
   A. 绿、蓝　　　　　　　　　B. 红、绿
   C. 红、蓝　　　　　　　　　D. 绿、黄
5. 采用动感光变镂空开窗安全线防伪技术的是新版（　　）纸币。
   A. 50元　　　　　　　　　　B. 20元
   C. 10元　　　　　　　　　　D. 1元
6. 白水印位于票面正面横号码下方，透光观察可见（　　）。
   A. 水印人像　　　　　　　　B. 水印花卉

C. 水印面额数字 D. 水印建筑物

7. 票面正面毛泽东头像、国徽、"中国人民银行"行名、装饰团花、右上角面额数字、盲文面额标记及背面主景等均采用（　　）印刷，触摸有凹凸感。

A. 雕刻凸版 B. 3D
C. 平板 D. 雕刻凹版

8. 新版人民币的冠字横号码都采用了（　　）。

A. 双色横号码 B. 单色横号码
C. 双色异形横号码 D. 单色异形横号码

9. 新版人民币所有纸币都取消的防伪特征是（　　）。

A. 光变油墨面额数字 B. 全息磁性开窗安全线
C. 古钱币局部图案 D. 凹印手感线

10. 新版人民币50元、20元、10元纸币的胶印对印图案全部调整为（　　）。

A. 相应的面额数字 B. 古钱币
C. ¥ D. 其他图案

二、多项选择题

1. 迄今为止，50元、20元、10元、1元纸币和1元、5角、1角硬币已发行流通十多年，现金流通情况发生的巨大变化有（　　），这些都对人民币的设计水平、防伪技术和印制质量提出了更高要求。

A. 现金自动处理设备快速发展 B. 假币伪造形式多样化
C. 货币防伪技术更新换代加快 D. 人民币走向国际化

2. 2019年版第五套人民币共发行（　　）个券别，其中有（　　）种面额硬币。

A. 6 B. 5
C. 7 D. 8
E. 2 F. 3

3. 2019年版第五套人民币50元、20元、10元、1元纸币分别保持2005年版第五套人民币50元、20元、10元纸币和1999年版第五套人民币1元纸币规格（　　）等要素不变。

A. "中国人民银行"行名、国徽、盲文面额标记、汉语拼音行名
B. 主图案
C. 主色调
D. 民族文字

4. 2019年版第五套人民币防伪特征设计的思路是（　　）。

A. 提高票面色彩鲜亮度 B. 优化票面结构层次与效果
C. 提升整体防伪性能

5. 2019年版第五套人民币改版后的新特征表现在（　　）。

A. 更强的防伪技术易识别 B. 更高的印刷质量耐流通
C. 更亮的票面色彩添美观

6. 新版（　　）元纸币正面中部面额数字调整为光彩光变面额数字。
   A. 100 元　　　　　　　　　　B. 50 元
   C. 20 元　　　　　　　　　　 D. 10 元
   E. 1 元

7. 采用非动感光变镂空开窗安全线防伪技术的是新版（　　）纸币。
   A. 50 元　　　　　　　　　　 B. 20 元
   C. 10 元　　　　　　　　　　 D. 1 元

8. 光变镂空开窗安全线具有（　　）等特征，易于公众识别，是一项常用的公众防伪特征。
   A. 颜色变化　　　　　　　　　B. 镂空文字
   C. 亮光带上下滚　　　　　　　D. 正面开窗

9. 2019 年版纸币明显提升了水印清晰度和层次效果，水印包括（　　）。
   A. 人像水印　　　　　　　　　B. 花卉水印
   C. 白水印　　　　　　　　　　D. 建筑物水印

10. 新版人民币采用横竖双号码的纸币有（　　）。
    A. 50 元　　　　　　　　　　 B. 20 元
    C. 10 元　　　　　　　　　　 D. 1 元

任务 2　人民币真假钞票的识别方法

> **小案例**
>
> ### 收银员遭遇"掉包计"
>
> 周末的晚上，在西单地区一家人流比较大的店面，一名女孩看中了一个漂亮的小玩意儿，男孩毫不犹豫地决定买下。到了收银台男孩翻开钱包，没有零钱，问女孩有没有。女孩打开钱包，也说没有，于是拿出一张 100 元真钞交给收银员。收银员验钞后打算收进时女孩突然说有零钱了。收银员退回 100 元。女孩数零钱，发现不够，只差 3 至 5 元，于是女孩又重新拿出 100 元。收银员未重新验钞收进。收到找零后，男孩女孩就迅速消失了。收银员交班时才发现误收了假币 100 元，结果是只好自己认赔。
>
> **案例分析**：收银员为什么会赔钱？你在日常生活中遇到过假币吗？你了解假币是什么样子的吗？知道如何避免中计吗？

活动 1　假钞的主要特征

验钞的目的是为了识别假币，减少财产损失。要掌握快速、准确识别假币的能力，必须了解假币的种类与特征。

一、假人民币的种类

假币主要包括伪造币和变造货币两种。

1. 伪造人民币

伪造人民币指通过机制、拓印、刻印、照相、描绘等手段制作的假人民币。其中电子扫描分色制版印刷的机制假币数量最多、危害性最大。

2. 变造人民币

变造人民币指犯罪分子将人民币通过挖补、剪接、涂改、揭层等各种方法达到使原币改变数量、形态实现升值的假货币。例如,把一张假币对折分成四半,用四分之一的假币,和四分之三的真币,拼成一张货币。

二、假人民币纸币的主要特征

1. 固定人像、花卉水印

(1) 在纸张夹层中涂布白色浆料,透光观察水印所在位置的纸张明显偏厚。

(2) 在票面上面、背面或正背面同时使用无色或淡黄色油墨印刷类似水印的图案,图案不透光也清晰可见,立体感较差。

2. 安全线

(1) 在钞票表面,用油墨印刷一个线条,无磁性。

(2) 在纸张夹层中放置与安全线等宽的聚酯类线状物,与纸张结合较差,易抽出,缩微文字较粗糙,无磁性。

(3) 伪造开窗安全线,使用双层纸张。在纸张正面,对应开窗位置留有断口,使镀有金属反射表面的聚酯类线状物,从一个断口伸出,再从另一个断口埋入,与纸张结合较差,无全息图像。

3. 雕刻凹版印刷图案

正背面主景图案多是由细点组成(真钞由点、线组成),图案颜色不正、缺乏层次、明暗过渡不自然,人像目光无神,发丝模糊,图案无凹凸感,也有一部分假币在凹印图部位涂抹胶水或压痕来模仿凹印效果。

4. 隐形面额数字

使用无色油墨印刷而成的,图文线条与真券差别较大,无隐形效果。

5. 胶、凹印缩微文字

缩微文字模糊不清,无法分辨。

6. 光变油墨面额数字

(1) 普通单色油墨平版印刷的,无颜色变换特征,无凹凸感。

(2) 使用珠光油墨丝网印刷,变色特征与真券有明显的区别。

7. 阴阳互补对印图案

正背面图案重合的不够完整,线条有明显的错位现象。

8. 有色、无色荧光图案

(1) 没有有色、无色荧光图案。
(2) 颜色及亮度与真券有一定的差别。

9. 专用纸张

纸张在紫外光下会发出较强的蓝色荧光,也有量假钞纸张荧光较弱或没有荧光,不含有无色荧光纤维。

活动 2 识别人民币真假的主要方法

当我们掌握了人民币的主要防伪特征及假币的主要特征后,为什么有时仍然会接收假钞呢?这是因为我们还缺乏防伪意识,没有学会识别真假人民币的一般方法。

一、真假人民币的简易识别方法

(一) 纸币鉴别方法

纸币真伪的识别通常采用直观对比(眼看、手摸、耳听)和仪器检测相结合的方法,即通常所说的一看、二摸、三听、四测。

1. 眼看:颜色、图案、花纹、水安全线等外观情况

(1) 看水印:第五套人民币各券别纸币的固定水印位于各券别纸币票面正面左侧的空白处,迎光透视,可以看到立体感很强的水印。100 元、50 元纸币的固定水印为毛泽东头像图案。20 元、10 元、5 元、1 元纸币的固定水印为花卉图案。另外在位于正面双色横号码下方,迎光透视,可以看到透光性很强的面额数字白水印。

(2) 看安全线:2005 年版 100 元、50 元纸币的安全线在票面正面中间偏左,背面开窗。迎光透视,分别可以看到缩微文字"¥100""¥50"的微小文字,仪器检测均有磁性。2015 年版 100 元纸币的安全线在票面两边各有一条,右侧光变镂空开窗安全线为正面开窗,左侧安全线是磁性全埋安全线采用了特殊磁性材料和先进技术,机读性能更好,仪器检测均有磁性。20 元、10 元、5 元纸币安全线为全息磁性开窗安全线,即安全线局部埋入纸张中,局部裸露在纸面上,其开窗部分在正面,从上面分别可以看到由微缩字符"¥20""¥10""¥5"组成的全息图案,仪器检测有磁性。2019 年版 50 元纸币采用了动感光变镂空开窗安全线,它位于票面右侧,改变钞票观察角度,安全线颜色在红色和绿色之间变化,亮光带上下滚动。透光观察可见"¥50"。2019 年版 20 元、10 元纸币则采用了光变镂空开窗安全线,改变钞票观察角度,安全线颜色在红色和绿色之间变化,透光观察可见"¥20"。

(3) 看光变油墨:2005 年版第五套人民币 100 元券和 50 元券正面左下方的面额数字采用光变墨印刷。将垂直观察的票面倾斜到一定角度时,100 元券的面额数字会由绿变为蓝色;50 元券的面额数字则会由金色变为绿色。2015 年版 100 元券在票面正面的中部有面额数字"100",垂直观察数字是金色,平视观察则变为绿色。随着观察角度的改变,数字颜色在金色和绿色之间交替变化,还可以看到一条亮光带上下滚动。2019 年版 50 元券在票面正面中部的面额数字采用了光彩光变面额数字"50",随着观察角度的改变,数

字"50"的颜色在绿色和蓝色之间交替变化，并可见一条亮光带在数字上下滚动。2019年版20元、10元券在正面中部面额数字则分别采用了光彩光变面额数字"20""10"，随着观察角度的改变，数字"20""10"的颜色在绿色和蓝色之间交替变化，并可见一条亮光带在数字上下滚动。

（4）看票面图案是否清晰，色彩是否鲜艳，对印图案是否可以对接上。第五套人民币纸币的胶印对印图案应用于100元、50元、20元、10元券中。2005年版券别的正面左下方和背面右下方都印有一个圆形局部图案，迎光透视，两幅图案准确对接，组合成一个完整的古钱币图案。2015年版100元在票面正面左下方和背面右下方，两面都有数字"100"的局部图案，在透光观察的情况下，正背面图案可以组成一个完整的"100"。2019年版人民币50元、20元、10元纸币的胶印对印图案全部调整为相应面额数字，票面正面左下角和背面右下角均有面额数字的局部图案，透光观察，正背面图案组成一个完整的面额数字"50""20""10"。

（5）用5倍以上放大镜观察票面，看图案线条、缩微文字是否清晰干净。第五套人民币纸币各券别正面胶印图案中，多处均印有微缩文字，20元纸币背面也有该防伪措施。100元微缩文字为"RMB"和"RMB100"；50元为"50"和"RMB50"；20元为"RMB20"；10元为"RMB10"；5元为"RMB5"和"5"字样。

2．手摸：纸张、行名、盲文、国徽、主景图案

（1）摸人像、盲文点、"中国人民银行"行名等处是否有凹凸感。第五套人民币纸币各券别正面主景均为毛泽东头像，采用手工雕刻凹版印刷工艺，形象逼真、传神，凹凸感强，易于识别。

（2）摸纸币是否薄厚适中，挺括度好。

3．耳听：抖动钞票的声音

抖动钞票使其发出声响，根据声音来分辨人民币真伪。人民币的纸张具有挺括、耐折、不易撕裂的特点。手持钞票用力抖动、手指轻弹或两手一张一弛轻轻对称拉动，能听到清脆响亮的声音。

4．测：使用简单工具和专用仪器

如借助放大镜可以观察票面线条清晰度、胶、凹印缩微文字等；用紫外灯光照射票面，可以观察钞票纸张和油墨的荧光反映；用磁性检测仪可以检测黑色横号码的磁性。

 小贴士

> 对于制作比较糙的假人民币，最好辨认的是看正面左下角对印图案中红色的一半，在光照下与背面的另一半蓝色图案不能合成一个完整的古钱币。另外有的假币的"古钱币"图案能对的上，但是纸的质感很光滑，与真币颜色相比颜色发白。

（二）硬币鉴别方法

（1）对比法：对比外形、边部、图案花纹文字、光泽。

（2）测量称重法：测量其直径、厚度、清边宽度、单枚重量。

（3）图纹重合比照法：对接重影比较仪进行图纹重合检查。

(4) 合金成分分析法：分析其金属材料的成分。

二、真假人民币防伪特征对照

2005 年版第五套人民币 100 元券真假对比见表 4-2。

表 4-2　　　　　　　　2005 年版第五套人民币 100 元券真假对比

1. 固定人像水印	2. 磁性缩微文字安全线	3. 手工雕刻头像	4. 胶印缩微文字	5. 光变油墨面额数字	6. 阴阳互补对印图案
真币：纸张抄造中形成人像水印，层次丰富，立方体感很强。	真币：嵌于纸张内部，仪器检测有磁性。	真币：形象逼真，线条清晰，凹凸感强。	真币：在放大镜下，字型清晰。	真币：面额数字随视角变化，颜色变化明显。	真币：正背图案重合，组成完整的古钱币图案。
假币：在纸张夹层中涂布白色浆料并模压水印图案，或直接在纸张表面盖印浅淡水印图案，层次及立方体感较差。	假币：无磁性或磁性特征，不稳定。	假币：线条模糊，无凹凸感。	假币：字型模糊。	假币：变色无规律或无变色效果。	假币：正背面图案错位。
7. 雕刻凹版印刷	8. 专用纸张	9. 隐形面额数字	10. 双色异型横号码		
真币：用手指触摸有明显的凹凸感。 假币：全胶印，手感平滑。	真币：采用专用纸张，纸质坚挺，具有耐磨性，有韧度，挺括，不易折断，抖动时声音响脆。 假币：普通纸张，纸质绵软，抖动时声音沉闷，在紫外灯照射下有荧光反应。	真币：将钞票置于与眼睛接近平行的位置，面对光源做上下倾斜晃动，可以看到面额数字"100"字样，字型清晰。 假币：无隐形效果。	真币：左侧部分为暗红色，右侧部分为黑色。字符由中间向左右两边逐渐变小。 假币：颜色与真币有差异。		

三、假人民币犯罪的常见手段

1. 偷梁换柱式

某犯罪分子使用真币购买高档酒水、香烟等轻巧、容易脱手的物品,当受害人验钱后,立即提出要开增值税发票,因受害人无法立即开票,犯罪份子则假意提出不要所购物品了,当受害人将真币退回后,犯罪份子乘机调包,又提出要购买物品,并将假币支付给受害人,得逞后迅速逃窜。在此类案件中,犯罪分子先使用真币麻痹受害人,当受害人放松警惕后,乘机调包使用假币,使其犯罪得以实施。

2. 巧取豪夺式

某犯罪份子以一些烟酒行或副食品店为目标,在询问了香烟的价格后,犯罪份子让受害人拿两条香烟给他。当受害人接过犯罪份子手中的钱后把钱放入验钞机时,犯罪份子拿了烟就往马路上逃窜。犯罪份子利用店主警惕性不高的特点来实施诈骗。防范此类案件,最关键的一点是要做到点好钱再将商品给对方。

3. 瞒天过海式

犯罪份子以购物为名,先以大额真币付款,当店主担心大币有假迟疑不决或没有钱找零时,他会从内衣袋中"搜"出小额假币付款来实施诈骗。这是典型的小额诈骗。

4. 暗度陈仓式

犯罪嫌疑人用假币购买贵重物品或有价证券,营业员用验钞机对假币进行检验时,犯罪嫌疑人在近距离不断使用手机通话,从而使验钞机暂时不发出警报声。商家在每天营业结束进行总账核对时才发现假币,然而为时已晚。手机电磁波在与验钞机保持25—30厘米范围内会产生干扰现象。

5. 无中生有式

受害者在购买商品或搭乘出租车时,使用假币的犯罪份子假意验钞,调换事先准备好的假币,反说受害者给的是假币。

6. 浑水摸鱼式

犯罪份子在购买商品时,混进数张假币,尤其是10元或20元的面额居多。

7. 假装老板式

警惕犯罪份子出手阔绰,设圈套。有些犯罪份子使用假币购物时出手非常大方,完全不讨价还价,在选好物品后,甩下一句"不用找了"就匆忙离开。一些防范意识不强的受害者以为是遇到了好事,殊不知中了犯罪份子的圈套。

教你一招

"十看假币"宣传歌

打击假币搞宣传　　教你如何识假钱　　真假钞票好辨认　　防伪特征有十看
迎光先把水印看　　头像花卉在左看　　真币水印立体感　　假币粗糙又呆板
二看钞票左下边　　油墨数字能光变　　百元由绿变成蓝　　假币变化不明显

三看拾元到百元	防伪对比有古钱	真币迎光成对圆	假币错位不成圆
仔细对比第四看	五套凹印手感线	用手触摸很明显	假币光滑无凹感
五看五套九九版	红蓝纤维票面显	真币造纸夹里面	假币表面手工添
六看磁性安全线	开窗微字面额显	假币用笔画上面	微字模糊无磁源
七看纸币作判断	真币成分短绒棉	假币纸张很一般	紫光灯下白光显
八看印刷雕刻版	真币最具凸凹感	凹版印刷最关键	假币光滑无手感
隐形数字第九看	与眼平行对光转	各类面额里面现	假币转动不明显
十看五套零伍版	正面仰光左下边	白水印码隐里面	假币目前未曾见
人民生活连着线	假币不时就出现	时刻注意要防范	捉摸不定请十看

实训　在银行柜面业务中准确、快速地识别人民币真伪

小案例

李松是某职业学校的一名学生，毕业后被分到武汉市商业银行从事柜员工作。一天，一位客户从他的柜台递进20张100元，共20000元的现金，要存一年定期。李松按照收款程序，将20张100元放进点钞机中，过了两遍，未发现任何问题，又用人工清点的方式清点了一遍。他发现其中有一张有点不对劲，于是仔细检查了这批钞票，发现共有七张钞票是假币。由于他对工作认真负责的态度，不仅挽回了损失，还受到了银行的奖励。

案例分析： 在实际工作中，我们不能全部依赖机器，掌握一些反假币的常识是非常重要的。对于假币，稍微用心一看，就会发现"假的绝对真不了"。

有比较才能鉴别，首先我们要熟悉真钞的特点，另外也要了解伪钞的一般特点。由于伪钞的仿真程度不同，在它仿真最弱的那个方面识别它和真钞的不同，再进一步识别其他不同点，就可以揭开全部伪装。

根据过去的实践经验，点钞时一般是通过手摸和眼看同时进行检查。手摸是摸纸张，因为钞纸有与一般纸张不同的质量和手感。眼看主要是看人像（或主景）特点，因为钞票一般都是凹版印刷，人像（或主景）线条精细清晰有立体感。如果发现可疑，就要进一步从纸张、版面、印刷、油墨等几个方面全面细致地检查。如有条件再用仪器测试纸张上的油墨特征，如磁性油墨、荧光油墨等，最后确定真伪。

鉴别外币真伪需要有个过程，只要我们熟悉各国钞票的基本印制特点，不断了解世界上出现的假钞情况，勤学苦练，增强触觉和视觉的敏感性，就能提高对外币的鉴别能力。

在日常生活中识别人民币真假的最基本的方法就是"一看，二摸，三听，四测"。在银行柜面业务中准确、快速地识别人民币真伪还要注意以下要点：

（1）边点边看：柜员或收银员接过顾客的钞票后，要认真进行清点。清点时要一边点数，一边注意察看票面。当发现有可疑钞票时，应把可疑钞票抽出来，仔细检验其真伪。

（2）注意手感：点钞过程中，看的同时还要注意自己的手感。通常真人民币手感较好、挺括；假币则手感较差、绵软。当发现手感较差的钞票时，也应当将其抽出来，仔细检验它的真伪。

（3）不放过疑点：清点现金时不要放过任何一个疑点，发现可疑钞票应立即将其抽出，认真进行鉴别。不能抱有侥幸心理，稍微的放松、大意就有可能放过假币，会给公司和个人带来经济损失。

教你一招

印钞厂员工的验钞诀窍

"不要用手摸，手摸的质感有时会欺骗你。只需看看钞票上毛主席的头像，观察他老人家的头发，就能辨出真伪。真钞上的头发绝对是根根清晰，不会是一绺一绺的，而且每一根都是一笔完成的，线条很流畅。而假钱则相反。"

任务3　在日常生活中发现假钞的处理

活动1　企事业单位及市民发现假钞的处理

活动导入

走进一些商店常常看见商家在醒目处贴着告示"发现假币立即没收，并打110报警"。这种做法正确吗？

《中华人民共和国人民币管理条例》规定，公安机关和中国人民银行有权没收假币。办理人民币存取款业务的金融机构可以收缴假币，其他任何单位和个人均无权没收和收缴假币。那么，作为单位和个人发现假币应如何处理呢？

一、单位或者个人处理自己持有的假人民币

如果误收假币，不应该再继续使用。《中华人民共和国人民币管理条例》第四章第三十一条明确规定，禁止走私、运输、持有、使用伪造、变造的人民币。

单位或者个人无论通过什么渠道遇到假人民币，应及时上缴中国人民银行、公安机关或者办理人民币存取款业务的金融机构。

二、发现他人持有假人民币，或从事制贩、运输、买卖假人民币行为

无论单位还是个人，发现他人持有少量假币，应劝其向中国人民银行或办理人民币存取款业务的金融机构上交。如果发现他人持有较多假币或有制贩假币嫌疑的，应当立即向

公安机关报告。要积极协助公安机关扣留假人民币，提供持币人的有关情况。举报违法犯罪活动，是每个公民的义务，也是向制贩假人民币违法犯罪行为展开斗争的有效措施。

三、持有人对被收缴货币的真伪有异议

持有人对被收缴货币的真伪有异议，可自收缴之日起三个工作日内，持《假币收缴凭证》直接或通过收缴单位向中国人民银行授权的当地鉴定机构提出书面鉴定申请。

中国人民银行分支机构和中国人民银行授权的鉴定机构应当无偿提供鉴定货币真伪的服务，鉴定后应出具中国人民银行统一印制的《货币真伪鉴定书》，并加盖货币专用章和鉴定人名章。

活动2　银行及公安部门收缴假钞的处理

案例导入

一天上午，某银行营业厅内，一男客户来到VIP窗口掏出十万现金办理存款业务。柜员接过钱放入点钞机开始验钞，发现其中一张钞票过不了，取出来经过确认后，告诉客户这是张假钞，要没收。客户要求看下这张钞票，柜员拒绝。于是客户与柜员吵了起来，理由是：这钞票是刚从另一家银行取出来的，不可能是假钞；就算是假钞，自己也希望认识一下，免得以后再次误收！大堂经理、保安纷纷来到VIP窗口帮忙解释说这是银行的规定，可是客户情绪激动，根本听不进去……

一方面是中国人民银行的规定，一方面客户是上帝，银行该如何合法合情处理？

案例分析

假币收缴流程：柜员收入客户钞票时，整个收款过程必须在客户视线范围内完成。如发现收入的钞票中存在假钞，必须立即报告当值的业务负责人，双人核实确为假钞后，必须在假钞上先加盖中国人民银行统一格式的假币章。而后开具假币没收凭证，该没收凭证上填有该张假钞的具体细节特征（如钞票编号）。客户在核实无误后在假币没收凭证上签字确认；如客户对钞票被没收有异议，或对钞票真假有不同意见，客户可凭这张假币没收凭证于三日内到银行投诉。

问题分析（客户心理需求）

（1）VIP客户内心会有优越感。

（2）可以给客户验看这张假币，但是必须是在盖"假币章"后。

（3）客户理由：首先，这些钞票刚从另一家银行取出来，不可能是假钞；第二，就算是假钞，自己也希望认识一下，免得以后再次误收！客户的理由合情合理，并没有要求将假币退还给他，所以客户的需求完全可以满足。

综上所述：客户不是一个不通情达理的人，是银行在处理问题上方式不妥。

客户类型分析：力量型客户只要结果。

处理方法

（1）遇到这样的问题，应先严格按照标准流程来处理。告诉客户银行收缴假币流程，

取得客户的认可。

（2）与客户沟通的语言要委婉，站在他的角度告诉其危害性。

（3）运用"同理心"，非常认同他内心的感受。

（4）如果客户情绪激动，可请他到休闲区，倒杯水慢慢沟通，不要让他影响到其他客户。

（5）不要大堂经理、保安一起"围攻"客户，客户会有种孤独感，会让他情绪更加激动，宜采取大堂经理一对一的沟通方式。

（6）必要时留下大堂经理电话，以备客户随时咨询和沟通。

一、银行收缴假币的操作流程

金融机构在办理业务时发现假币应予以收缴。收缴假币时应该做到：①由该金融机构两名以上业务人员当面予以收缴，收缴人员必须具有鉴定技能并获得上岗资格，无资格证人员应当交由其他有证人员进行后续程序。②对假人民币纸币，应当面在正反两面使用蓝色印油加盖"假币"字样的戳记，全程不应脱离持有人视线。③对假外币纸币及各种假硬币，应当面以统一格式的专用袋加封，封口处加盖"假币"字样戳记，并在专用袋上标明币种、券别、面额、张（枚）数、冠字号码、收缴人、复核人名章等细项。④收缴假币的金融机构（简称"收缴单位"）向持有人出具中国人民银行统一印制的《假币收缴凭证》（图4-71）、向持有人出示反假币上岗证，告知持有人如对被收缴的货币真伪有异议，可向中国人民银行当地分支机构或中国人民银行授权的当地鉴定机构申请鉴定。⑤收缴的假币，不得再交予持有人。

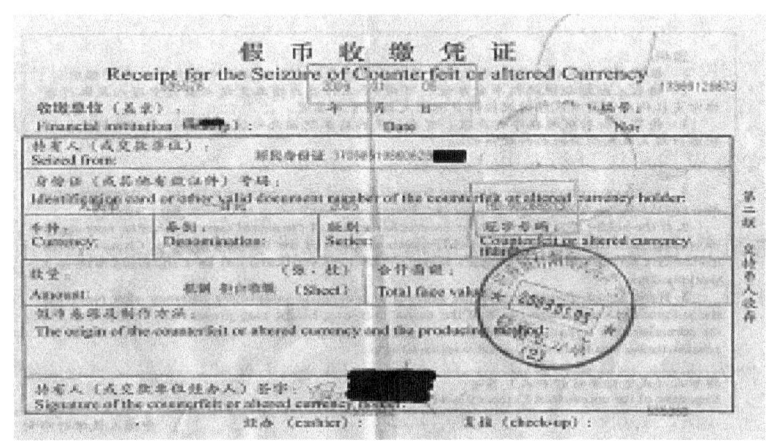

图4-71 《假币收缴凭证》

假币收缴流程图如图4-72。

二、有权没收、收缴假币的单位

根据《中华人民共和国人民币管理条例》和《中国人民银行假币收缴、鉴定管理办法》的规定，公安机关和中国人民银行有权没收假币，办理货币存取款和外币兑换业务的金融机构可以收缴假币。除以上单位，其他任何单位和个人均无权没收和收缴假币。

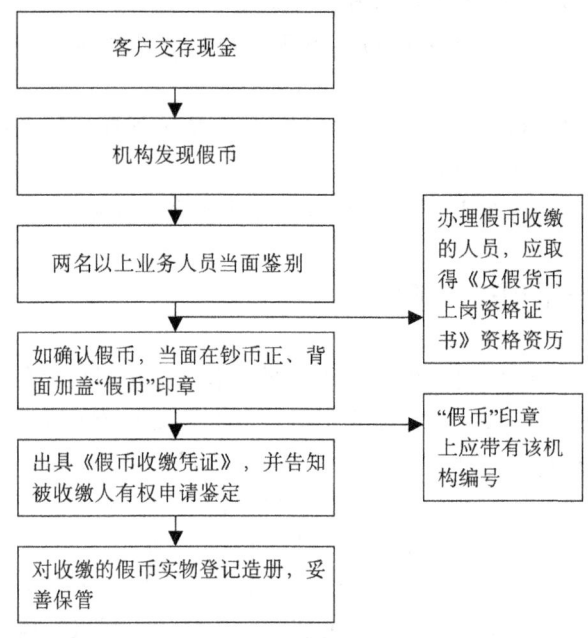

图 4-72 收缴假币的操作流程

三、可以鉴定货币真伪的金融机构

根据根据《中华人民共和国人民币管理条例》和《中国人民银行假币收缴、鉴定管理办法》的规定，中国人民银行以及中国人民银行授权的中国工商银行、中国银行、中国建设银行的业务机构可以进行货币真伪鉴定。

四、金融机构在收到假币过程中有下列情形之一的，应立即报告当时公安机关，提供有关线索

（1）一次性发现假人民币 20 张以上、外币 10 张以上的；
（2）属于利用新的造假手段制造假币的；
（3）有制造、贩卖假币线索的；
（4）持有人有不配合金融机构收缴行为的。

五、残缺、污损人民币兑换方法

为维护人民币信誉，保护国家财产安全和人民币持有人的合法权益，确保人民币正常流通，根据《中华人民共和国中国人民银行法》和《中华人民共和国人民币管理条例》

的规定，办理人民币存取款业务的金融机构应无偿为公众兑换残缺、污损人民币，不得拒绝兑换。

（1）全额兑换：能辨别面额，票面剩余四分之三（含四分之三）以上，其图案、文字能按原样连接的残缺、污损人民币，金融机构应向持有人按原面额全额兑换。

（2）半额兑换：能辨别面额，票面剩余二分之一（含二分之一）至四分之三以下，其图案、文字能按原样连接的残缺、污损人民币，金融机构应向持有人按原面额的一半兑换。纸币呈正十字形缺少四分之一的，按原面额的一半兑换。

（3）兑付额不足一分的，不予兑换；五分按半额兑换的，兑付二分。

（4）金融机构在办理残缺、污损人民币兑换业务时，应向残缺、污损人民币持有人说明认定的兑换结果。不予兑换的残缺、污损人民币，应退回原持有人。

（5）残缺、污损人民币持有人对金融机构认定的兑换结果有异议的，经持有人要求，金融机构应出具认定证明并退回该残缺、污损人民币。持有人可凭认定证明到中国人民银行分支机构申请鉴定，中国人民银行应自申请日起5个工作日内做出鉴定并出具鉴定书。持有人可持中国人民银行的鉴定书及可兑换的残缺、污损人民币到金融机构进行兑换。

 小贴士

反假货币　人人有责

1. 单位和个人误收假币后应主动上交中国人民银行或办理货币存取款和外币兑换业务的金融机构。发现他人有伪造、变造的货币，应当立即向公安机关报告。

2. 人民币是我国的法定货币。爱护人民币，保持人民币的整洁，维护人民币的尊严，保障人民币正常的流通秩序，是每个公民的义务。

（1）任何单位和个人都应当爱护人民币。禁止损害人民币和妨碍人民币流通。

（2）任何单位和个人不得印制、发售代币票券，以代替人民币在市场上流通。

（3）禁止故意损坏人民币。

（4）禁止制作、仿制、买卖人民币。

（5）未经中国人民银行批准，在宣传品、出版物或者其他商品上使用人民币图样；

（6）禁止利用人民币制作商业广告或利用人民币进行商品促销。

实训　在日常生活中发现假钞如何处理

【案例1】小李大学毕业后，于2013年7月3日在某银行求职，并顺利被录用为储蓄柜员。7月4日小李才上班就办理张先生存款，对假币略有所知的小李发现其中有一张100元纸币像是假币，她将假币交给储蓄主管。储蓄主管将这100元纸币拿到二楼办公室，和同事们仔细辨别后，确认是假币。于是盖上假币章，并开具了假币没收凭证，盖好章，回到柜台将凭证交给张先生。张先生悻悻离去。请指出本案例中的操作是否违反假币收缴程序，为什么？

【案例2】2014年10月9日，某货币真伪鉴定机构工作人员小刘接到李女士电话要求鉴定其于9月30日被某银行收缴的一张100元假币，小刘将假币券别、张数、冠字号码、收缴机构等作了详细的记录。10月13日（10月11日、12日为双休日）小刘出差回来后通知收缴单位送达待鉴定货币，并于当日按规定程序进行了鉴定。请指出本案例中的操作是否违反假币鉴定程序，为什么？

【案例3】张先生到某银行存款。储蓄柜员小李发现其中有1张50元纸币像是假币。她马上叫来储蓄主管，两人经过仔细辨别后，确认这张50元纸币是从未见过的假币类型。于是当着张先生的面盖上假币章，并开具了假币没收凭证，盖好章，将凭证交给张先生签字，并告知了其权利。张先生虽予以了配合，但仍不服气，又递进一张50元纸币要求换出假币去中国人民银行鉴定。小李和储蓄主管商量片刻，确认后递进来的50元纸币是真币后，将假币交给了张先生。请指出本案例中的操作是否违反假币收缴程序，为什么？

模块五 会计数字书写技能与实训

知识目标
1. 掌握阿拉伯数字书写的基本要求;
2. 掌握汉字大写数字的基本要求。

能力目标
1. 熟练掌握大小写金额数字的书写规则;
2. 熟练掌握票据、会计凭证账表中数字的书写技巧和错误数字的订正技巧。

情感目标
培养学生对数字的敏感性,增强对金额数字的敬畏感、责任感,养成书写认真、负责的职业习惯。

目前我国许多单位的财会工作已实现会计电算化,但在会计核算和管理过程中仍离不开手工操作。财会数字和文字书写的正确和规范与否,直接影响着财会工作的质量和速度以及会计信息的正确性和真实性。如果数字书写潦草不清楚、不规范或易涂改,往往会导致财会工作失误,引起账目混乱,导致经济和生活的纠纷,不仅影响工作的质量和效率,而且会给一些别有用心的人造成可乘之机,甚至危及国家资金的安全,给国家财产造成重大损失。因此,财会人员只有按照财会规范要求认真书写,经过长期不懈的专业训练,才能把数字写得正确、整齐、清晰、美观,有效地提高工作质量和效率。

财会数字书写技能是财会工作者非常重要的一项基本功。在财会实际工作中,财会书写技能一般包括财会数字的书写和财会文字的书写两大部分。财会数字的书写包括阿拉伯数字和汉字大小写数字的书写。"能写"和"会算"是对财会人员的基本要求,数字的计算与书写往往是联系在一起的,一切计算过程和结果都要通过数字来表示。

任务1 小写数字书写规范与读法

任务描述

我们在上幼儿园、小学阶段就会书写数字了。从字面上看,很多人以为财会数字就是平时在日常生活中书写的阿拉伯数字,其实这是误解。从范围上看,财会数字包括阿拉伯数字和汉字大写数字。它们用以表示金额时分别为小写金额(阿拉伯数学)数字和汉字大写金额数字。所以从内涵上看,在财会领域阿拉伯数字被附予了经济上的含义,书写时不能随心所欲,因此我们在书写与读数时要遵循财经制度中对书写规范的要求。

活动1 阿拉伯数字的书写

一、阿拉伯数字的优缺点

1. 优点

阿拉伯数字是最基本的数字符号,突出的优点是"容易书写"。除4、5外,都能一笔写成。这种符号可以带来一系列的简化效果。例如,在会计簿记中,大范围地引用阿拉伯数字,使得一系列的会计有关记录、核算工作大大简化。

2. 缺点

(1)阿拉伯数字本身没有计算功能。这是阿拉伯数字符号的一个重要缺陷。例如,6+3=9中,6、3这两个数字符号是不能直接变成9的,必须使用其他方法求出得数而完成计算,需要死记硬背基本运算结果,在草稿纸上重复书写中间运算过程等。所以,在会计核算中,几乎不用笔算。

(2)阿拉伯数字容易涂改。例如,1容易改成6、7、9;2容易改成3;3容易改成8;4容易改成9;7容易改成9等,显然这对记录会计数据是非常不利的。

知识驿站

阿拉伯数字是古代印度人在生产和实践中创造出来的,后来,阿拉伯数字传入欧洲国家。公元1200年左右,欧洲的学者正式采用了这些符号和体系。至13世纪,在意大利比萨的数字家费婆拿契的倡导下,欧洲人开始普遍采用阿拉伯数字。那时的阿拉伯数字的形状与现代的阿拉伯数字尚不完全相同,只是比较接近而已,是数学家把它们变成今天的1、2、3、4、5、6、7、8、9、0的书写方式。由于它字数少,笔画简单,人们普遍乐于使用,很快传遍世界各地。

二、在会计单据、凭证、账表上阿拉伯数字的书写

阿拉伯数字过去只有印刷体字型,手写体没有统一的标准字体。随着社会经济的发

展,财政、金融和商业等部门逐步采用一种适合记数和计算需要的阿拉伯数字手写体。弥补阿拉伯数字"容易涂改"的措施之一,是书写时要符合财会数字书写规范的要求。

其规范书写字样如图 5-1 所示:

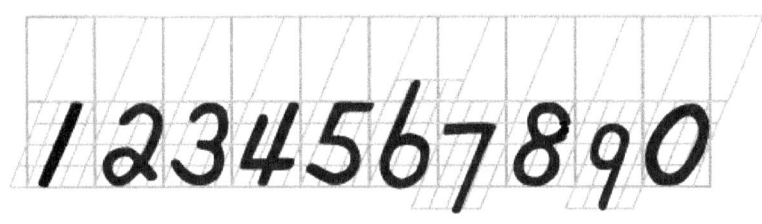

图 5-1　阿拉伯数字写法

(一) 阿拉伯数字书写的总体要求

> **小诀窍**
>
> 初学数码字时,应对照标准要求,仔细观察数字的高度、斜度和运笔顺序,不能连笔书写,应放慢速度,切勿求快。

1. 书写字体(字型)要求

字型要求规范、整齐、端正、清晰、流利、美观、整体效果好。每个数字的宽窄、高低及倾斜度要基本一致。大小匀称,笔划流畅,每个字独立有形,使人一目了然。

2. 书写顺序

在凭证和账表上书写阿拉伯数字时,书写顺序应是自上而下,由高位到低位,先左后右一个一个地认真书写,各自独立,不能潦草,不能回笔,依次写出各位数字;数字之间不能模棱两可和连写,以免分辨不清。

3. 书写高度要求

写每个数时,数字的底部都要紧贴横格底线书写,不要悬空在横格中间。其高度不超过全格的 1/2 的位置,这样,既美观又为改错更正数字留有余地。在高度上,除 6、7、9 数字外,其他数字高低要一致,"6""7""9"三个数字较特殊,其中"6"上端比其他数字要略高出约 1/3,"7"和"9"上端比其他数字低 1/4,下端比其他数字要略伸出约 1/4,而且底部要破底线。

4. 书写角度要求

各数字的倾斜度要一致,自右上方向左下方倾斜,一般要求倾斜度约 45°~60°为宜,这样可以避免上下数字的重叠。

5. 书写间距要求

每个数字要大小一致,数字排列应保持同等距离,每个数字上下左右要对齐。

> **小贴士**
>
> 在印有数位线的凭证、账簿及报表上,每一格只能写一个数字,不得几个数字挤在一个格里,也不得在数字中间留有空格。

6. 书写用笔要求

用蓝黑色或碳素墨水书写,字迹要规范、清楚。

> **知识链接**
>
> 财政部颁布的《会计基础工作规范》中规定:登记账簿要用蓝黑色墨水或者碳素墨水书写,不得使用圆珠笔(银行的复写账簿除外)或者铅笔书写。

(二)阿拉伯数字书写的具体要求

1. "1" 的书写要求

"1"的竖要写直,上下一样粗细,下端应紧靠分位格的左下角落在底线上,要保持倾斜度,将格子占满。

> **小贴士**
>
> "1"不能写太小太短,不出底线,不能上下带钩,下部勿拐尾,避免写得像分节号,更不能写成印刷体,且要合乎斜度要求,以防止改为"2""4""6""7""9"。

2. "2" 字的书写要求

"2"字起笔时上半圈要略大一点,收笔时下半圈稍小一点,且下部要绕圈并相连。

> **小贴士**
>
> 绕圈不要超过字的一半,不能写成类似英文字母"Z"的形状。

3. "3" 的书写要求

"3"和"8"为上下对称的数字,书写时应上半圈略小于下半圈,且上下半圈中点基本保持在一条倾斜的直线上。在横向1/2处起笔,使数字结构看上去更为稳固。

> **小贴士**
>
> 上半部分略小,下半部分略大,或上下部分相等,上下半圈中间一笔回锋不能过长且末笔收笔时不能下垂,以防"3"改为"8"的可能。

4. "4" 的书写要求

写"4"字时,其顶部不封口,两竖要平行;下至下半格约四分之一处,并注意右边竖是最关键的一笔,右边一条竖线略长一点,并穿过左边竖线折过来的横线,即上至上半格右边线,下至下半格的四分之一处。也就是说,右边的竖线在横线上下部分的比例分配比例为:上半部分约占字的3/4,下半部分占字的1/4。

> **小贴士**
>
> 顶部不能封口,不能写成印刷体的"4"。斜度应为45°—60°,否则"4"就写成正体了,并防止改"1"为"4"。

5. "5"的书写要求

写"5"字时,起笔时要有一定的倾斜度,形同画小括号的形状,即"(";末笔顺势向左边上挑弯一点即可。

> **小贴士**
>
> 在10个阿拉伯数字中,"5"字是最难写的。因此,书写时,上端的一横要平,不能封顶,要与起笔相连,不留空隙,也不能穿过起笔。

6. "6"的书写要求

写"6"字时,其上半部分比其他数字的高度向右上方约高出四分之一高度。起笔时要写成一个斜竖;斜竖下向右画圈,收笔时与左侧的斜竖圈成向左倾斜的椭圆。

> **小贴士**
>
> 写"6"字时要顶满格子,下部的斜椭圆要明显,不能穿过左侧的斜竖,也不能与左侧斜竖之间留下空隙。以防改6为8、改1为6。

7. "7"的书写要求

写"7"字时,其上端比其他数字低1/4,末笔要超出底线,下端约占下一格的1/4。

> **小贴士**
>
> 起笔时要注意与其他数字的宽窄基本一致,宽度要写够,末笔收笔不能带钩拐尾,以防7改为2。

8. "8"的书写

写"8"字时,上边稍小,下边稍大,起笔从右向左转圈,然后向右下运笔,再向左转圈,笔顺类似于英文字母成斜"S"型,最后向上运笔收笔,要弯圆圈连接。

> **小贴士**
>
> 写"8"字时,在书写时注意上圈略小,下圈略大,收笔不能出头或留下空隙;终笔与起笔交接处应略微成棱角,以防将"3"改为"8"的可能性。

9. "9"的书写要求

与"7"一样,起笔略低1/4,末笔出底线,下端约占下一格的1/4。上部写圈后向下划一斜竖,使斜竖与左侧圆圈相接。

> **小贴士**
>
> 写圈时不要露头,写完后向左下侧弯时要圆滑,不能有棱角,底线部分不能拐尾,以防改"9"为"8","9"的上部应是封口的0,以防改"9"为"5"。

10. "0"的书写要求

"0"字起笔后应由左向右转圈，写成上下倾斜的扁椭圆型。起笔和收笔要封口。其高度宽度和斜度与其他数字相同。"6、7、9"除外。

> **小贴士**
>
> 在连写几个"0"时，不要加连档线。不要写得太小，不能长角、有缺口及留有尾巴，更不要张开口和写成扁长型。不得偏高、偏低和出现连接线，以防改为"2""3""6""8""9"。

> **小贴士**
>
> 对于易混淆且笔顺相近的数字，在书写时，尽可能地按标准字体书写，区分笔顺，避免混同，以防涂改。写"6""8""9""0"时，都必须把圆圈笔划写顺，并一定要封口；写"2""3""5""8"时应自成体，避免混同。不要把"0"和"6"、"1"和"7"、"3"和"8"、"7"和"9"写混。

总之，数字的宽窄与长短比例要匀称，字型要完全一致，不要多笔或少笔，同样的数字笔顺、字体、宽窄和圆润程度要一致，"圆直"相接要自然、柔和。

教你一招

写数歌诀

"1"字落笔左下角，"2"字压线两边分，
"3"字上小下略大，"4"字斜画均斜行，
"5 7"两横皆平写，"6"字略大看得清，
"8"字斜放宜自然，"9 0"高低要分明，
"7 9"还得出格外，书写清晰又匀称。

活动 2　数位及多位数读写法

一、十进位值制

用 10 个符号表示基数，用左位 1 表示本位 10 的记数方法，称为"十进位值制"。这是中国发明的，大约在公元 1 世纪已经十分成熟。印度最早出现此方法的记录是在公元 6 世纪。"十进位值制"是人类文明进程中最美妙的创造之一。

用阿拉伯数字结合"十进位值制"，使多位数的书写非常简捷。

二、数位及多位数读写法

用阿拉伯数字结合，按十进位值制记数，在不超过三、四位时，一看便知，随口可

读;但位数多时,就得另想办法,这就是分级。写数时,每一个数字都占据一个位置,每一个位置分别表示不同的单位。数字所在的位置表示的单位称为"数位"。数位按照个、十、百、千、万、十万、百万、千万、万万的顺序,由小到大、从右向左的顺序排列的,但写数时和读数的习惯顺序,却是由大到小、从左到右的顺序进行的(见表5-1)。

表 5-1　　　　　　　　　　　我国的数位排列

数位	万万万位	千万万位	百万万位	十万万位	万万位	千万位	百万位	十万位	万位	千位	百位	十位	个位	十分位	百分位	千分位	万分位	十万分位	百万分位
读法	兆	千亿	百亿	十亿	亿	千万	百万	十万	万	千	百	十	个	分	厘	毫	丝	忽	微
级名		亿　级				万　级				个　级				小　数					

当一个数的数位很多时,书写阿拉伯数字采用分节制,能够比较容易和快捷地辨认数的数位,有利于数字的书写、阅读和计算工作,提高准确性和工作效率。四位及四位以上的整数部分,可采用国际通行的"三位分节制",即从个位起,向左每三位数作为一节,节与节之间用分节号","分开,但国际上不用","号而以空格代替。分节号、小数点是阿拉伯数字书写必不可少的组成部分,决不能错写和漏写。

 小贴士

　　分节号是个逗点,不能标高,否则容易被误认为1;也不能标成小数点,以引起混乱;带小数的数,应将小数点记在个位与十分位之间的下方。

在书写阿拉伯数字时,应将数字与位数结合在一起书写。书写顺序是由高位到低位,从左到右依次写出各位数字。

【例5-1】汉字大写数字为"玖仟陆佰贰拾伍"时,应写成小写数字为:9,625。

【课堂练习5-1】汉字大写数字为"叁仟玖佰陆拾伍"时,应写成小写数字为:_____

【例5-2】汉字大写数字为"陆拾万"时,应写成小写数字为:60,0000。

【课堂练习5-2】汉字大写数字为"壹拾肆万"时,应写成小写数字为:_____

【例5-3】汉字大写数字为"肆万捌仟零贰"时,应写成小写数字为48,002。

【课堂练习5-3】汉字大写数字为"柒仟壹佰零陆万叁仟肆佰零玖"时,应写成小写数字为:_____

三、阿拉伯数字采用三位分节制的规范读法和写法

1. 万以下数的读法

每读出一个数字,接着读出该数字所在的位数,如37,268应读作叁万柒仟贰佰陆拾捌。

2. 万以上数的读法

对于万位以上的数,每读出一个数字,只读出该数字所在位数的第一个字。如 2,738,426,读作贰佰柒拾叁万捌仟肆佰贰拾陆;314,628,957,读作叁亿壹仟肆佰陆拾贰万捌仟玖佰伍拾柒。

3. 中间有零的数的读法

数字中间有零的,不论是一个或连续几个零,都只读一个"零"而不读出其所在的位数。如 3,072 读作叁仟零柒拾贰;400,025 读作肆拾万零贰拾伍。

4. 后面有零的数的读法

数字末尾有零的数的读法,既不读零,也不读零所在的位数。如 3,000 读作叁仟;4,200,读作肆仟贰佰。

【例 5-4】不带小数点时,书写阿拉伯数字采用三位分节制时的规范写法与读法

十万位	万位	千位	百位	十位	个位	
2	8	0	,	6	3	0 (用分节号)
2	8	0		6	3	0 (用空位)

规范写法为:280,630(用分节号)
　　　　　　280 630(用空位)

汉字大写数字应读成:贰拾捌万零陆佰叁拾。

【课堂练习 5-4】数字为 1,093,584.00,其汉字大写数字应读成:_____

【例 5-5】

亿位	千万位	百万位	十万位	万位	千位	百位	十位	个位	
3	6	9	,	1	0	3	,	4	8	0 (用分节号)
3	6	9		1	0	3		4	8	0 (用空位)

规范写法为:369,103,480(用分节号)
　　　　　　369 103 480(用空位)

汉字大写数字应读成:叁亿陆仟玖佰壹拾万叁仟肆佰捌拾。

【课堂练习 5-5】数字 435,028,169.00,其汉字大写数字应读成:_____

【例 5-6】如为带小数点时,书写阿拉伯数字采用三位分节制时的规范写法与读法

如为带点的数,应将小数点记在个位与十分位之间的下方。

千万位	百万位	十万位	万位	千位	百位	十位	个位	十分位	百分位	
7	5	,	6	4	0	,	2	5	8 .	3	5 (用分节号)
7	5		6	4	0		2	5	8 .	3	5 (用空位)

规范写法为:75,640,258.35(用分节号)
　　　　　　75 640 258.35(用空位)

汉字大写数字应读成:柒仟伍佰陆拾肆万零贰佰伍拾捌点叁伍。

【课堂练习 5-6】数字为 58,708,649.78，其汉字大写数字应读成：_____

【例 5-7】

| 百 十 | | | | | | | 十 百 | |
| 万 万 万 千 百 十 个 分 分 |
| 位 位 位 位 位 位 位 位 位 |

        7, 0 5 9, 4 0 5. 0 8（用分节号）
        7 0 5 9 4 0 5. 0 8（用空位）

规范写法为：7,059,406.08（用分节号）
            7 059 406.08（用空位）

汉字大写数字应读成：柒仟零伍万玖仟肆佰零陆点零捌。

【课堂练习 5-7】数字为 19,378,045.00，其汉字大写数字应读成：_____

【课堂练习 5-8】数字为 70,038,965.20，其汉字大写数字应读成：_____

教你一招

读数歌诀

一撇上位千，

二撇前百万，

三撇前十亿，

兆在四撇前。

【例 5-8】一个数为 295649028.65。如不分节号就能立即读出此数是相当困难的；如把它进行分节，即 295,649,028.65，我们只要记住上述的规律，就能快速读出该数为：贰亿玖仟伍佰陆拾肆万玖仟零贰拾捌点陆伍。

【课堂练习 5-9】一个数为 406835091.05，将该数标上分节号后快速读出对应的汉字大写数字。小写：_____，其汉字大写数字应读成：_____

实训 1　阿拉伯数字读写训练

一、写数训练

实训要求：在下列大写数字后面，写上正确规范的阿拉伯数字，并加注三位一节的分节号，请同学们自己试一试，如表 5-2 所示。

表 5-2　　　　　　　　　　练习表

序号	汉字大写数字	阿拉伯数字书写
（1）	伍仟柒佰零玖	
（2）	玖仟叁佰伍拾肆万壹仟贰佰陆拾柒	
（3）	贰仟零捌万柒仟零陆点伍柒	

续表

序号	汉字大写数字	阿拉伯数字书写
(4)	壹拾玖万伍仟陆佰捌拾贰	
(5)	肆万壹仟捌佰伍拾柒点叁伍	
(6)	捌亿柒仟陆佰玖拾万零柒仟陆佰叁拾壹	
(7)	柒拾壹万玖仟捌佰零伍点陆零	
(8)	叁仟伍佰陆拾贰万肆仟叁佰捌拾伍点零贰	
(9)	陆万玖仟伍佰贰拾伍	
(10)	壹拾捌万贰仟捌佰柒拾肆点叁柒	

二、读数训练

实训要求：按下列阿拉伯数字加注三位一节分节号后读出正确的汉字大写数字，请同学们自己试一试，如表5-3所示。

表5-3　　　　　　　　　　　　　　　练习表

序号	阿拉伯数字	将阿拉伯数字加注分节号	汉字大写数字的读法
(1)	75693002.18		
(2)	391400.80		
(3)	86305009.04		
(4)	20085006.90		
(5)	60500970.00		
(6)	75000438.49		
(7)	58500000.00		
(8)	423567890.31		
(9)	98700502.00		
(10)	12005003.64		

活动3　小写金额数字的书写规定与读法

任务描述

在财会工作中，填写票据、凭证、记账和制表时，都要书写数字，而且经常用阿拉伯数字表示金额。用阿拉伯数字表示的金额称为小写金额。小写金额（阿拉伯金额，以下同）数字的书写除具有与一般阿拉伯数字书写相同点外，还有其特殊要求。如小写金额前应冠以货币币种符号。小数点后的角位和分位没有数额时要用0补位等。

一、人民币符号"￥"的使用

"￥"是根据人民币基本单位"元"的汉语拼音"YUAN"的第一个字母"Y"，再加上"元"字两横而成。它有两个意义：一是说明金额的币制，既表示了人民币币制，又表示了人民币元的单位;二是为了防止增添和涂改数字。

> **知识链接**
>
> 　　财政部颁布的会计基础工作规范中规定:阿拉伯数字应当一个一个地写,不得连笔写。阿拉伯金额数字前面应当书写货币币种符号或者货币名称简写。币种符号与阿拉伯金额数字之间不得留有空白。凡阿拉伯数字前写有币种符号的,数字后面不再写货币单位。

(1) 当填制凭证时,如填写支票、发票、收据和借据、报销单及记账凭证等,在小写金额数字前应冠写货币币种符号,人民币符号用"￥";美元用"$";英镑用£等。

> **小贴士**
>
> 　　人民币符号"￥"主要应用于填写支票、发票、存单等票证的小写金额,在登记账簿和编制报表时,不能使用"￥"符号。因为在账簿和报表上不存在金额数字被涂改而造成损失的情况,如账簿和报表上使用"￥"符号,反而会增加出现错误的可能性。

【例5-9】汉字大写金额数字为:人民币捌仟柒佰陆拾伍元肆角叁分,写成小写金额数字为:￥8,765.43。

> **小贴士**
>
> 　　小写金额前填写人民币符号"￥"后,小写金额数字￥8765.43之后就不必再写人民币单位元了。

【课堂练习5-10】汉字大写金额数字为:人民币玖万柒仟伍佰捌拾叁元贰角伍分,写成小写金额数字为￥97,583.25元,对吗?为什么?

【例5-10】汉字大写金额数字为:人民币捌仟柒佰陆拾玖万零贰佰元伍角整,写成小写金额数字为:￥87,690,200.50。

【课堂练习5-11】汉字大写金额数字为:人民币壹拾捌万柒仟肆佰贰拾柒元陆角伍分,写成小写金额数字为:187,427.65,对吗?为什么?

(2) 在书写小写金额数字时,在人民币符号"￥"与数字之间不得留有空位,也不能任意添加冒号,主要是防止金额数字被人增添涂改。

【例5-11】汉字大写金额数字为:人民币柒拾玖万捌仟陆佰伍拾贰元整,写成小写金额数字应写为:￥798,652.00。

> **小贴士**
>
> 　　上例其小写金额数字不能写为:￥　798,652.00 或 ￥:798,652.00

【课堂练习 5-12】汉字大写金额数字为：人民币壹仟伍佰捌拾玖万贰仟肆佰零伍元零陆分，写成小写金额数字为：￥ 15,892,405.06，对吗？为什么？

【例 5-12】汉字大写金额数字为：人民币壹万玖仟元整，写成小写金额数字为：￥19,000.00。

【课堂练习 5-13】汉字大写金额数字为：人民币壹拾陆万叁仟元整，写成小写金额数字为￥：163,000.00，对吗？为什么？

二、小写金额数字采用三位分节制的规范写法和读法

 小贴士

在书写人民币符号"￥"，尤其是草写"￥"时，要注意与阿拉伯数字有明显的区别，不要写成像阿拉伯数字的"7 或"9"一样，以防被篡改。

（1）对于万位（含万位）以下的数额中，从最高位读起，顺着位次每读一个数字就接着读出这个数字所对应的数位名称。

【例 5-13】

万位	千位	百位	十位	个位
3	4,	2	8	1	（用分节号）
3	4	2	8	1	（用空位）

小写金额数字规范写法为：￥34,281.00（用分节号）或￥34 281.00（用空位）。

汉字大写金额数字应读成：人民币叁万肆仟贰佰捌拾壹元整。

【课堂练习 5-14】小写金额数字为￥680,495.00，其汉字大写金额应读成_____。

（2）对于万以上到亿以下的数额中，只读出数字和数位上开头的第一个字，数位名称的第二个字可以省略不读。

【例 5-14】

十万位	万位	千位	百位	十位	个位
9	7	5,	6	2	4	（用分节号）
9	7	5	6	2	4	

小写金额数字规范写法为：￥975,624.00（用分节号）或￥975 624.00（用空位）。

汉字大写金额数字应读成：人民币玖拾柒万伍仟陆佰贰拾肆元整。

【课堂练习 5-15】小写金额数字为￥724,809.00，其汉字大写金额数字应读成：_____。

【例 5-15】

	千万位	百万位	十万位	万位	千位	百位	十位	个位	
	9	5,	7	8	3,	4	6	1	（用分节号）
	9	5	7	8	3	4	6	1	（用空位）

小写金额数字规范写法为：￥95,783,461.00（用分节号）或 ￥95 783 461.00（用空位）。

汉字大写金额数字应读成：人民币玖仟伍佰柒拾捌万叁仟肆佰陆拾壹元整。

【课堂练习 5-16】小写金额数字为 ￥73,461,598.00，其汉字大写金额数字应读成：_____

（3）在同一个数额中，若中间有零时，只读出数字的"0"，而不读出数位的名称。

【例 5-16】

	万位	千位	百位	十位	个位	十分位	百分位	
	6	0,	0	8	5.	0	7	（用分节号）
	6	0	0	8	5.	0	7	（用空位）

小写金额数字规范写法为：￥60,085.07（用分节号）或 ￥60 085.07（用空位）。

汉字大写金额数字应读成：人民币陆万零捌拾伍元零柒分。

【课堂练习 5-17】小写金额数字为 ￥830,009.04，其汉字大写金额数字应读成：_____

（4）若同一个数额中，最后有一个零或连续有几个零时，既不读"0"也不读出数位的名称。

【例 5-17】

	十万位	万位	千位	百位	十位	个位	
	7	9	8,	0	0	0	（用分节号）
	7	9	8	0	0	0	（用空位）

小写金额数字规范写法为：￥798,000.00（用分节号）或 ￥798 000.00（用空位）。

汉字大写金额数字应读成：人民币柒拾玖万捌仟元整。

【课堂练习 5-18】小写金额数字为 ￥97,600,000.00，其汉字大写金额数字应读成：_____

三、小写金额数字角位和分位的书写

在金额计量中，所有以元为单位的小写金额数字，一般只保留两位小数，即角位和分位。无论小写金额数字的最后一位有效数字在分位以前或者在分位以后，一律写到分位为止。

在填制会计凭证时，在无金额分位格的凭证上，所有以元为单位（其他币种为货币基本单位，下同）的阿拉伯数字，除表示单价等情况外，一律写到角分。在以元为单位的小数点后面，如果分位没有或分位和角位都没有1—9的金额数字，不能让它空位，应用0占位。

> **小贴士**
>
> 若在印有数位分隔线的凭证或账表上书写金额数字时，只有"角"、"分"位金额的，在"元"位上不写"0"字；只有"分"位金额的，在"元"和"角"位上均不写"0"字；对于有"角"无"分"的，在分位上写"0"；对于"角"、"分"位皆无金额的，即角位和分位都没有有效数字，在"角"和"分"位上均写一个"0"。

（1）到元为止无角分的金额数字，角位和分位可写"00"或用符号"—"表示。

【例5-18】汉字大写金额数字为：人民币陆万叁仟柒佰伍拾元整，应写成小写金额数字为"¥63,750.00"，也可以写成"¥63,750.—"。

【课堂练习5-19】汉字大写金额数字为：人民币陆拾伍万叁仟捌佰陆拾柒元整，写成小写金额数字为"¥653,867.—"，对吗？写成"¥653,867.00"呢？

（2）有角无分的金额数字，分位应当写"0"，不得用符号"—"代替。

【例5-19】汉字大写金额数字为：人民币玖拾肆万伍仟陆佰壹拾伍元叁角整，应写成小写金额数字为"¥945,615.30"，不能写成"¥945,615.3—"或"¥945,615.3"。

【课堂练习5-20】汉字大写金额数字为：人民币陆佰零贰万肆仟壹佰叁拾柒元捌角整，写成小写金额数字为"¥6,024,137.8—"，对吗？写成"¥6,024,137.8"呢？

四、小写金额数字在分位格中的书写

小写金额数字在分位格中书写时，应从最高位起，后面各分位格数字必须写完整。

（1）如果是在印有金额分位格的账表凭证上，一般在金额栏内已经标出了数位及金额单位。因此，在书写小写金额时，只需将数字填入相应数位栏中即可，不需要书写分节号及小数点。

（2）小写金额数字后几位是零的，在金额的最后一位有效数字之后，一律用"0"补齐，不能留有空格。而且无论任何情况，均不能用短横线"—"代替。

（3）如果是填写票据或凭证的小写金额，还应在金额数字前第一个分位格中写人民币符号"¥"。

【例5-20】小写金额数字为¥78,003,950.00，其在票据分位格合计栏（见表5-4）中应填写为：

表5-4　　　　　　　　　票据分位格合计栏

		亿	千	百	十	万	千	百	十	元	角	分
正确书写	¥	7	8	0	0	3	9	5	0	0	0	
错误书写	¥	7	8	0	0	3	9	5	0	0		
错误书写	¥	7	8	0	0	3	9	5	0			

【课堂练习5-21】小写金额数字为¥10,680,090.00，请在表5-5中试着填写。

表 5-5

亿	千	百	十	万	千	百	十	元	角	分

【例 5-21】小写金额为￥27,000，在票据分位格合计栏（见表 5-6）中应填写为：

表 5-6　　　　　　　　　　　　票据分位格合计栏

	亿	千	百	十	万	千	百	十	元	角	分
正确书写					￥	2	7	0	0	0	0
错误书写					￥	2	7	0	0		
错误书写				￥		2	7	0	0	0	0

【课堂练习 5-22】小写金额数字为￥456,000.00，请在表 5-7 中试着填写。

表 5-7

亿	千	百	十	万	千	百	十	元	角	分

实训 2　小写金额数字读写训练活动

一、读数训练活动

实训要求：将下列阿拉伯金额数字加注三位一节分节号后，读出正确的汉字大写金额。请同学们自己试一试，见表 5-8。

表 5-8　　　　　　　　　　　　练习表

序号	小写金额	将小写金额加注分节号	汉字大写金额读法
（1）	￥198600.00		
（2）	￥7002100.08		
（3）	￥8105009.70		
（4）	￥290000.06		
（5）	￥3800910.00		
（6）	￥1720005.34		
（7）	￥473000080.00		
（8）	￥5694718.32		
（9）	￥915007.09		
（10）	￥60090403.26		

二、写数训练活动

实训要求：将下列汉字大写金额写成正确规范的小写金额（阿拉伯数字），并加注三位一节的分节号。请同学们自己试一试，见表5-9。

表5-9　　　　　　　　　　　　练习表

序号	汉字大写金额	小写金额（阿拉伯数字）
（1）	人民币陆仟壹佰陆拾柒万叁仟捌佰玖拾贰元整	
（2）	人民币壹拾柒万零捌佰零伍元零陆分	
（3）	人民币贰仟壹佰陆拾肆万玖仟捌佰柒拾贰元整	
（4）	人民币壹亿贰仟伍佰零贰万柒仟叁佰玖拾伍元捌角整	
（5）	人民币陆万捌仟伍佰零贰元零肆分	
（6）	人民币柒仟元零伍分	
（7）	人民币捌仟叁佰贰拾壹万陆仟伍佰肆拾元整	
（8）	人民币贰仟叁佰柒拾捌元零伍分	
（9）	人民币肆仟零贰万柒佰伍元零陆分	
（10）	人民币玖仟肆佰陆拾柒万玖仟捌佰零伍元叁角整	

任务2　中文大写的书写规定

活动描述

我国财务制度的规定在开具支票、发票、结算票据、账单、存折等重要票证和一切收款和付款凭证以及合同等正式凭证时，除了把金额写成阿拉伯数字外，还必须写上汉字大写数字。使用汉字大写数字可以防伪、防弊、不易被篡改。汉字大写数字的读法和阿拉伯数字的读法相同，但规范的书写方法不同。在有金额分位的凭证和账表上，尤其是在账簿上，大写数字的书写方法和一般普通写法是不同的，结合记账规则的需要，有特定的书写规格和要求。

知识驿站

据说明朝以前，人们记账都是使用小写数字，由于字体过于简单，容易涂改，给一些不法之徒可乘之机，如把"一"改为"二""三""六""七"，把"三"改成"五"。"朱元璋建立明朝后，惩治贪官污吏雷厉风行。明朝初期有一个户部侍郎郭桓利用职权与官吏们勾结，通过涂改财会凭证上的"小写数字"的办法大肆侵吞政府钱粮，累计达二千四百万石精粮，这个数字差不多与当时全国秋粮实征总数相等。此案牵连到12个朝庭高官、6个部的大小官员和全国许多大地主。太祖大为震惊，下令将郭桓等同案犯斩首示众，株连者数万人。"郭桓案"后，朱元璋认识到治理贪赃枉法不但要严惩罪犯，更要从制度上堵绝贪污之门，在财务管理上实行行之有效的措施。他将记载钱粮的数字"一、

二、三、四、五、六、七、八、九、十、百、千"分别改为难以涂改的汉字大写数字"壹、贰、叁、肆、伍、陆、柒、捌、玖、拾、陌、阡。"后来人们逐渐用"佰、仟"代替"陌、阡"二字。这就从根本上杜绝了通过篡改数字来达到目的违法行为，有效地堵住了财务管理上的漏洞，故一直沿用至今。

活动1　汉字大写金额书写的基本要求

案例分析

　　杜先生常年给深圳某饭店供应鸡鸭。2010年3月21日，饭店交付给杜先生北京农村商业银行转账支票一张。此支票在交付时只记载了小写金额1121元，收款人以及大写金额均未记载。同年3月23日，杜先生在未补记收款人以及大写金额的情况下，将支票交给他人。后来，此支票几经转手，在填写了大写金额"柒仟柒佰贰拾壹元"且小写金额被改为7721元后，于2010年3月27日由刘先生持有。刘先生将支票交于河北三河某信用社，信用社自饭店账户上划款7721元至刘先生的账户。饭店将信用社及杜先生告上北京市丰台区人民法院，要求他们承担连带责任，返还不当得利款6600元以及利息214.80元。饭店认为，现有证据不能证明杜先生没有改动支票所填写的金额，信用社在持票人未提供相关材料的情况下办理业务，故双方应承担连带责任，请求判令杜先生和信用社连带返还不当得利款6600元以及利息214.80元。

　　开庭审理过程中杜先生辩称，自己收到饭店交付的支票后，将其交给了他人用以结算豆腐款，自己并未篡改金额，不同意饭店的请求。信用社辩称，其作为收款人是基于金融机构的业务结算行为。刘先生将转账支票交于该社，结算后已如数存入刘先生开立的账户，信用社不存在不当得利的问题。刘先生提交的支票大小写金额齐全，信用社应当为其办理，不存在过错。不同意原告的诉讼请求。

　　法院审理后认为，当事人对自己的主张有责任提供证据。从查明的事实来看，杜先生并未变造小写金额，信用社系正常办理结算业务，亦无过错。故饭店诉请的理由不能成立，对其诉请，应予驳回。

　　从此案中我们应该得到的启示是：无论是出票人在填写支票，还是持票人在审核支票时，都应该注意按票据法规定认真、完整、规范填写、审核各要素项目，特别是出票日期、大小写金额、出票人等内容。

一、汉字大写数字的种类

　　汉字大写数字包括表示数量用字、数位用字、金额单位用字和截止符号用字四种。
　　（1）用于表示数量用字（基数词）的有：壹、贰、叁、肆、伍、陆、柒、捌、玖。
　　（2）用于表示数位用字（数位词）的有：拾、佰、仟、万、亿。
　　对于数量用字，每个字单独存在时能表示一定意义；而数位用字单独存在时往往不能完整和准确地表达其意义。
　　（3）用于表示金额单位用字（单位词）的有：元、角、分。

(4) 用于表示截止符号用字的有：整（正）。

二、中文大写数字书写的有关规定

中国人民银行《支付结算制度汇编》规定，银行、单位和个人填写的各种票据和结算凭证是办理支付结算和现金收付的重要依据，是记载经济业务和明确经济责任的一种书面证明。它直接关系到支付结算的准确、及时和安全。因此，填写票据和结算凭证，必须做到标准化、规范化，要做到数字正确、字迹清楚、不错漏、不潦草，以防止涂改。

（一）用正楷或行书字书写

票据金额不仅用阿拉伯数字，而且还用中文大写金额数字书写，在书写时一律用正楷字或行书字，不得自造简化字。

> **小贴士**
>
> 为了预防将来出现涂改的情况，在书写阿拉伯数字同时，还要按规范的汉字书写要求进行。汉字书写一定要规范，一律用正楷字或行书字书写。如壹、贰、叁、肆、伍、陆、柒、捌、玖、拾、佰、仟、万、亿、圆（元）、角、分、零、整（正）等易于辨认、不易涂改的字样，不得用一、二（两）、三、四、五、六、七、八、九、十、念、仁、毛、另（或0）、园等字样代替。

1. 汉字大写数字的书写

用途：主要用于填写收据、借据、发货票、支票、合同书及委托合同等需要防止涂改的信用凭证。其规范书写字样如下：

基数词：壹、贰、叁、肆、伍、陆、柒、捌、玖、零。

数位词：个、拾、佰、仟、万、亿。

读写规则：

（1）基数词要与数位词、单位词等结合起来表示数。如"￥120.00"，大写为：人民币壹佰贰拾元整。

（2）数字之间不能留空位。写数字的顺序与读一样，如果数目中有相邻两个以上"0"时，大写时只写一个"零"字。如果连续有几个"0"，个位也是"0"，十分位不是"0"时，大写可不写零字。如"￥2,000.46"，大写为：人民币贰仟元肆角陆分。

（3）字末尾元角以下没有"分"时，要写"整"字收尾。例如"￥43.00"，大写为：人民币肆拾叁元整。汉字大写数字不能写错，也不能漏写，一旦出现差错，要重新填制凭证，不能涂改。

2. 汉字小写数字的书写

基数词：一、二、三、四、五、六、七、八、九、十。

数位词：个、十、佰、仟、万、亿。

用途：汉字小写数字用于无需防止涂改的数字。如计划、总结以及请示报告等。

读写规则与大写汉字数字完全相同，这里不再举例。

（二）"人民币"与数字之间不得留有空位

有固定格式的重要单证，大写金额栏一般都印有"人民币"字样，数字应紧接在"人民币"后面书写，在"人民币"与数字之间不得留有空位。大写金额栏没有印"人民币"字样的，应加填"人民币"三字。在票据和结算凭证大写金额栏内不得预印固定的"仟、佰、拾、万、仟、佰、拾、元、角、分"字样。若发票等凭证大写金额栏预印了固定的数位词，对未使用的部分应划线或在其前面加符号"Ⓧ"拦头注销。

【例5-22】小写金额数字为"￥9,000.05"，在印有大写金额万、仟、佰、拾、元、角、分位置的凭证上书写大写金额数字时，其汉字大写金额数字应写成：人民币 Ⓧ 万玖仟零佰零拾零元零角伍分。

（三）"整（正）"字的用法

汉字大写金额数字到"元"为止的，在"元"字之后，应写"整"字。汉字大写金额数字到"角"为止的，在"角"位后写"整"字，到"分"为止的，"分"字之后，不写"整"字。"整"字笔划较多，在书写数字时，常常将"整"字写成"正"字。

【例5-23】小写金额数字为"￥846,000.00"，其汉字大写金额数字应写为：人民币捌拾肆万陆仟元整（正）。

【课堂练习5-23】小写金额数字为"￥4,210,800.00"，其汉字大写金额数字应写为：_____。

【例5-24】小写金额数字为"￥90,143.00"，其汉字大写金额数字应写为：人民币玖万零壹佰肆拾叁元整（正）。

【课堂练习5-24】小写金额数字为"￥640,758.00"，其汉字大写金额数字应写为：_____。

【例5-25】小写金额数字为"￥46,300.80"，其汉字大写金额数字应写为：人民币肆万陆仟叁佰元零捌角整（正）。

【课堂练习5-25】小写金额数字为"￥29,008.50"，其汉字大写金额数字应写为：_____。

> **小贴士**
>
> 若小写金额有"分"，则"分"字后不写"整（正）"字。如小写金额为￥36,900.45，其汉字大写金额数字应写为：人民币叁万陆仟玖佰元零肆角伍分。不能写为：人民币叁万陆仟玖佰元零肆角伍分整（正）。

（四）有关"零"的写法

阿拉伯金额数字有"0"时，汉字大写金额应怎样书写要看"0"所在的位置。对于数字尾部"0"，不管是一个还是连续几个，汉字大写到非零数位后，用一个"整（正）"字结尾，都不需用"零"来表示。如"￥8.50"，汉字大写金额写成"人民币捌元伍角",又如"￥200.00",应写成"人民币贰佰元整"。至于阿拉伯金额数字中间有"0"时,汉字大写应按照汉语语言规律、金额数字构成和防止涂改的要求进行书写。具体如下:

(1) 阿拉伯金额数字中间有"0"时,汉字大写金额要写"零"字。

【例5-26】"￥704.36"的汉字大写金额应写成"人民币柒佰零肆元叁角陆分"。

(2) 阿拉伯金额数字中间连续有几个"0"时,汉字大写金额可以只写一个"零"字。

【例5-27】"￥9,006.23"的汉字大写金额应写成"人民币玖仟零陆元贰角叁分"。

(3) 阿拉伯金额数字元位是"0",或者数字中间连续有几个"0",紧接的元位也是"0",但角位不是"0"时,汉字大写金额中可以只写一个"零"字,也可以不写"零"。

【例5-28】"￥4,880.52"的汉字大写金额应写成"人民币肆仟捌佰捌拾元零伍角贰分"或者"人民币肆仟捌佰捌拾元伍角贰分"。

【例5-29】"￥92,000.48"的汉字大写金额应写成"人民币玖万贰仟元零肆角捌分"或者"人民币玖万贰仟元肆角捌分"。

(4) 阿拉伯金额数字万位是"0",但千位不是"0"时,汉字大写金额可以写"零",也可以不写"零"。

【例5-30】"￥91,804,753.26"的汉字大写金额数字应写成"人民币玖仟壹佰捌拾万零肆仟柒佰伍拾叁元贰角陆分"或者"人民币玖仟壹佰捌拾万肆仟柒佰伍拾叁元贰角陆分"。

(5) 阿拉伯金额数字角位是"0",而分位不是"0"的,汉字大写金额元字后面应写"零"字。

【例5-31】"￥745.08"的汉字大写金额应写成"人民币柒佰肆拾伍元零捌分"。

【例5-32】"￥9,100.07"的汉字大写金额应写成"人民币玖仟壹佰元零柒分"。

(6) 在印有大写金额万、仟、佰、拾、元、角、分位置的凭证上书写大写金额数字时,阿拉伯金额数字中间有几个"0"(含分位),汉字大写金额数字就要写几个"零"字。

【例5-33】小写金额数字为"￥580,000.03",在印有大写金额万、仟、佰、拾、元、角、分位置的凭证上书写大写金额数字时,其汉字大写金额数字应写成:人民币伍拾捌万零仟零佰零拾零元零角叁分。

(五) 有关"壹"字的要求

在书写数字金额大写汉字中"壹"字不能遗漏。平时口语习惯说"拾几""拾几万",在这里"拾"字仅代表数位,不是数字。如果在数位前不加"壹"字既不符合书写要求,又容易被改成"贰拾几"、"叁拾几"等。

【例5-34】"￥17.68"的汉字大写金额应写成"人民币壹拾柒元陆角捌分"。

【例5-35】"￥160,000.00"的汉字大写金额应写成"人民币壹拾陆万元整"。

实训 1　汉字大写金额数字书写训练

实训要求：

将下列小写金额（阿拉伯金额）数字书写成规范的汉字大写金额数字，见表 5-10。

表 5-10　　　　　　　　　　　　　　　练习表

序号	小写金额数字	汉字大写金额数字的书写
（1）	￥107,006.50	
（2）	￥3,004,000.00	
（3）	￥15,600,000.00	
（4）	￥526,879,400.35	
（5）	￥74,600,350.80	
（6）	￥980,600.34	
（7）	￥1,400,008.05	
（8）	￥3,865,940.00	
（9）	￥8,567,409.63	
（10）	￥45,208,030.70	
（11）	￥7,209,006.35	
（12）	￥125,605,480.30	
（13）	￥82,000.50	
（14）	￥5,918,600.32	
（15）	￥9,843,500.67	
（16）	￥60,004,080.00	
（17）	￥4,008.05	
（18）	￥39,678.00	
（19）	￥180,000.00	
（20）	￥286,005.70	

活动 2　数字书写错误的订正方法

活动描述

如果财会数字的书写发生了错误，就要进行订正，订正数字要求规范化，不能随意在原来数字上涂改、挖补、刮擦、粘贴，或者用涂改液、消字药水等化学方法消字，以保证数字的真实性，明确经济责任。

一、小写金额数字错误的订正

小写金额数字写错需要更正时,应该按规定方法改正或作废重新填字。其采用的订正方法是划线更正法:先将错误的文字或者数字整体划红线注销,但必须使原有字迹仍可辨认;然后在划线上方填写正确的文字或者数字,并由记账人员在更正处盖章,以明确责任,最后将正确的数字写在错误数字的上面。

(1) 小写金额数字合计数发生错误时,不能只改其中部分数字

【例 5-36】将小写金额数字 ¥4,792.35,错写为 ¥4,729.35,订正方法如下:

正确的订正方法 错误的订正方法

¥4,792.35 92

¥4,729.35 ¥4,729.35

【课堂练习 5-26】在填写小写金额数字合计数 ¥42,756.98 时,错写为 ¥47,256.98,请自己试一试其订正方法(见表 5-11)。

表 5-11   练习表

错误的订正方法	正确的订正方法
427	
¥47256.98	

(2) 小写金额数字合计数书写时,未写完发现有错时,不能只改写错数字,应把数字写完整,然后用划线更正法更正。

【例 5-37】小写金额数字为 ¥5,879.56,写到 ¥85 时发现有写错,订正方法如下(见表 5-12)。

表 5-12   练习表

错误的订正方法	正确的订正方法
¥5,879.56	¥5,879.56
¥85——	——¥8579.56

【课堂练习 5-27】小写金额数字 ¥685,940.24,写到 ¥6,589 时发现写错,其订正方法为(见表 5-13)。

表 5-13   练习表

错误的订正方法	正确的订正方法
¥685940.24	
¥6589——	

二、在分位格中书写小写金额数字的错误订正

在财会实际工作中,书写数字时会偶然发生错误,如错列、错行、错位或写错数字

等。一旦出现差错，不得任意涂改，刀刮、橡皮擦或粘贴，也不得用化学药水销蚀字迹，应使用规范的划线更正法进行更正。

（1）如果在填写票据或凭证时发现一笔金额数字中只写错一个或几个数码字，不能只更改写错的数码字，而应将该数字全部用红线划销后，再将正确的数字写入上半格。

【例 5-38】在填写票据或凭证合计数时发现一笔小写金额数字应为"￥642,000.65"，错写为"￥624,000.65"（见表 5-14）。

表 5-14　　　　　　　　　　　更正示例表

		亿	千	百	十	万	千	百	十	元	角	分
错误更正方法				￥	6	4 ~~2~~	2 ~~4~~	0	0	0	6	5
正确更正方法	经办人盖章			￥ ~~￥~~	6 ~~6~~	4 ~~2~~	2 ~~4~~	0 ~~0~~	0 ~~0~~	0 ~~0~~	6 ~~6~~	5 ~~5~~

【课堂练习 5-28】在填写票据或凭证合计数时发现一笔小写金额数字应为 ￥8,059,400.76 而错写为 ￥8,095,400.76，请自己在以下分位格中试一试更正（见表 5-15）。

表 5-15　　　　　　　　　　　练习表

	亿	千	百	十	万	千	百	十	元	角	分
错误更正方法		￥	8	0	5 ~~9~~	9 ~~5~~	4	0	0	7	6
正确更正方法											

（2）如果在填写票据或凭证合计数时发现一笔小写金额数字未写完便发现有误，则要把数字写完，或用"0"把剩余空位补齐，不能留空格，然后再用划线更正法更正。

【例 5-39】在填写票据或凭证合计数时发现一笔小写金额数字为 ￥1,497,658.35，写到 ￥1479 时发现写错，改正方法见表 5-16。

表 5-16　　　　　　　　　　　示　例　表

		亿	千	百	十	万	千	百	十	元	角	分
正确更正方法				￥ ~~￥~~	1 ~~1~~	4 ~~4~~	9 ~~7~~	7 ~~9~~	6	5	8	3	5
正确更正方法	经办人盖章			￥ ~~￥~~	1 ~~1~~	4 ~~4~~	9 ~~7~~	7 ~~9~~	6 ~~0~~	5 ~~0~~	8 ~~0~~	3 ~~0~~	5 ~~0~~
错误更正方法					1 ~~1~~	4 ~~4~~	9 ~~7~~	7 ~~9~~	6	5	8	3	5

【课堂练习 5-29】在填写凭证合计数时，小写金额数字为"￥5,248,670.90"，写到"52,468"时才发现写错，请在表 5-17 中试一试用两种方法改正。

表 5-17　　　　　　　　　　分 位 格

		亿	千	百	十	万	千	百	十	元	角	分
错误更正方法			¥	5̶ 5	2̶ 2	4̶ 4	8̶ 6	6̶ 8	7	0	9	0
正确更正方法	经办人盖章											
正确更正方法												

三、在账簿中书写小写金额数字的错误订正

在登记会计账簿时由于疏忽等原因，有时可能会出现笔误把数字写错。因为账簿记录是不能随意调换或销毁的。因此，必须使用规范的划线更正法进行更正。其方法是将错误的整笔数字从左至右划一条红线进行注销，然后把正确的数写在被注销的错误数的上方的空白处，并由经手人在更正处加盖私章以明确经济责任。

【例 5-40】在登记账簿时发现有几笔数额写错，其改错方法如表 5-18 所示。

表 5-18　　　　　　　　　　示 例 表

	正确更正方法								错误更正方法							
	百	十	万	千	百	十	元	角	分	百	十	万	千	百	十	元	角	分
经办人盖章			9 9̶	3 3̶	5 6̶	6 5̶	1 1̶	2 2̶	7 7̶			9	3	5̶ 6	6̶ 5	1	2	7
经办人盖章					6 6̶	9 9̶	7 3̶	0 0̶	0 0̶					6	9	7̶	0	0
经办人盖章				4 4̶	5 6̶	8 8̶	7 8̶	0 0̶	0 0̶				4	5̶	8	7̶	0	0
经办人盖章				7 7̶	2 1̶	5 6̶	4 4̶	8 8̶					7 7̶	2 1̶	5 6̶	4	8
经办人盖章				8̶	9̶	5	7	0̶	0̶				8̶	9̶	8	9	5	7

【课堂练习 5-30】在登记账簿时发现有几笔数额写错。请自己试一试将其改正，见表 5-19。

表 5-19 练习表

错误更正方法										正确更正方法									
亿	千	百	十	万	千	百	十	元	角	亿	千	百	十	万	千	百	十	元	角	分
						5	0	6̸/8	7	9										
					8	5	3	1	9	6										
					8̸	3̸	5̸													
				7	2̸	0	4	8̸	0	3										
							8													
					6̸	2̸	9̸	5	0	0										
							7	6	0	8										
	7̸	6̸	0̸	5̸	8̸															
					¥	2	8	6	5	0										
					2̸	8̸	6̸	5̸	0̸											

四、汉字大写金额数字的订正方法

汉字大写金额数字主要用于需要防止涂改的发票、支票、汇票、收据、存单等各种重要凭证时使用。在书写时写错需要重新填制凭证，写错的凭证注销作废，并妥善保管，不要随便丢弃。如有其他原因不能更换写错凭证时，应采取划线更正法更正写错的汉字大写金额数字，具体要求及注意事项与小写金额数字错误的订正方法相同。

【例 5-41】将"人民币陆万玖仟捌佰壹拾肆元零伍分"，错写为"人民币陆万玖仟捌佰肆拾壹元零伍分"。更正方法见表 5-20。

表 5-20 示 例 表

正确的订正方法	错误的订正方法
经办人盖章　人民币陆万玖仟捌佰壹拾肆元零伍分	壹拾肆 人民币陆万玖仟捌佰肆拾壹元零伍分
人民币陆万玖仟捌佰壹拾肆元零伍分	壹　肆 人民币陆万玖仟捌佰肆拾壹元零伍分

【课堂练习 5-31】将汉字大写金额数字"人民币肆拾捌万捌仟玖佰叁拾贰元贰角陆分"，错写为"人民币肆拾捌万捌仟玖佰叁拾贰元陆角贰分"，请在表 5-21 中写出正确订正方法。

表 5-21　　　　　　　　　　　示　例　表

错误的订正方法	订正要求	正确的订正方法
人民币肆拾捌万捌仟玖佰叁 　　　　贰　　陆 拾贰元陆角贰分	不能只订正个别数字	
人民币肆拾捌万捌仟玖佰叁 贰角陆分 拾贰元陆角贰分	必须全部划掉重写	

五、汉字大写金额数字常见书写错误分析

汉字大写金额数字正确写法与错误写法对照如表 5-22 所示。

表 5-22　　　　　　　　　　　对　照　表

| 小写金额数字 | 汉字大写金额数字 | | 错误原因 |
	正确写法	错误写法	
￥130,000.00	人民币壹拾叁万元整	人民币拾叁万元整	漏写"壹"字
￥85,000.00	人民币捌万伍仟元整	人民币：捌万伍仟元整	"人民币"后多了一个冒号
￥7,351.00	人民币柒仟叁佰伍拾壹元整	人民币柒仟叁佰伍拾壹元	少写了个"整"字
￥436,007.02	人民币肆拾叁万陆仟零柒元零贰分	人民币肆拾叁万陆仟零柒元贰分	漏写"零"字
￥650,008.09	人民币陆拾伍万零捌元零玖分	人民币陆拾伍万另捌元另玖分	将"零"字错写成"另"字
￥2,765.90	人民币贰仟柒佰陆拾伍元玖角整	人民币贰仟柒佰陆拾伍元玖角零分	写多了"零分"两字
￥56,930.84	人民币伍万陆仟玖佰叁拾元捌角肆分	人民币伍万陆仟玖佰叁拾捌角肆分	漏写一个"元"字
￥950,007.20	人民币玖拾伍万零柒元贰角整	人民币玖拾伍万元零柒元贰角整	多写一个"元"字
￥150,062,000.00	人民币壹亿伍仟零陆万贰仟元整	人民币壹亿伍仟万零陆万贰仟元整	多写一个"万"字
￥35,980.80	人民币叁万伍仟玖佰捌拾元零捌角整	人民币叁万伍仟玖佰捌拾零元捌角整	"零"字用法不对
￥680,000.50	人民币陆拾捌万元零伍角整	人民币　　陆拾捌万元零伍角整	"人民币"与第一个大写数字之间空位过大

实训 2　数字书写错误的订正训练

一、阿拉伯数字的错误订正

实训要求：使用正确的订正方法更正下列数字，并填上规范的汉字大写数字，请在表 5-23 中填写。

(1) 正确数字应是：89,506.47
(2) 正确数字应是：1,826,005.35
(3) 正确数字应是：5,329,480.08
(4) 正确数字应是：4,856,700.80
(5) 正确数字应是：7,503,620.00

表 5-23　　　　　　　练习表

(1)（大写）					8	9	5	0	4	6	7
(2)（大写）				1	2	8	6	0	0	5	3	5
(3)（大写）				5	3	2	9	8	4	0	0	8
(4)（大写）				4	8	5	6	7	0	0	0	8
(5)（大写）				7	5	0	3	6	2		

二、小写金额数字的错误订正

实训要求：在登记账表时发生小写金额数字写错，按规范的订正方法更正，并加盖印章，请同学们自己试一试填写表 5-24。

表 5-24　　　　　　　练习表

错误的更正方法								正确的订正方法								订正要求
十万	万	仟	佰	十	元	角	分	十万	万	仟	佰	十	元	角	分	
		5	0	3̸	1	5	7									
	8	9	8̸	5	3̸	0	2									

续表

错误的更正方法								正确的订正方法								订正要求
十万	万	仟	佰	十	元	角	分	十万	万	仟	佰	十	元	角	分	
	6	7	5	6	2	5	8									
		6	7	5												
			¥	7	5	8	2									
		7	5	8	2											
	¥	2	5	6	0	8	7									
¥		2	5	6	0	8	7									

三、汉字大写金额数字常见书写错误分析

实训要求：请同学们自己试一试，对表 5-25 中汉字大写金额数字常见书写错误进行订正并指出错误原因。

表 5-25　　　　　　　　　　　练习表

小写金额数字	汉字大写金额数字		
	错误写法	正确写法	错误原因
¥4,895,000.67	人民币肆佰捌拾玖万伍仟零元陆角柒分		
¥159,648.23	人民币拾伍万玖仟陆佰肆拾捌元贰角叁分		
¥300,009.05	人民币叁拾万元零玖元零伍分		
¥58,491.80	人民币伍万捌仟肆佰玖拾壹元捌角零分		
¥7,268.05	人民币：柒仟贰佰陆拾捌元零伍分		
¥64,900.05	人民币陆万肆仟玖佰元伍分		
¥28,056,000.00	人民币贰仟捌佰万零伍万陆仟元整		
¥78,005.18	人民币柒万捌仟零伍元壹角捌分		
¥97,560.20	人民币玖万柒仟伍佰陆拾贰角整		
¥856.000.00	人民币捌拾伍万陆仟元		
¥451,009.08	人民币肆拾伍万壹仟另玖元另捌分		

任务3　票据、结算凭证填写规范

任务描述

常见的银行金融票据有：支票、汇票、本票等票据，还有存款单、汇款单等凭证。票

据和结算凭证上的金额、出票或签发日期、收款人名称不得更改，更改的票据一律无效。票据和结算凭证以大写金额数字和小写金额数字同时记载的，两者金额必须一致，否则票据无效，银行不予受理。票据和结算凭证上一旦写错或漏写了数字，必须重新填写单据，不能在原票据上涂改，以保证所记录数字的真实性、准确性、及时性和完整性。

活动 1　在固定格式凭证中汉字大写金额书写

银行结算凭证的大写金额栏内，按规定不得预印固定的大写金额数位，一般只印有"人民币"字样。在有固定格式的重要凭证上，汉字大写金额数字必须冠以"人民币"字样。书写时，金额数字应紧接在"人民币"后面，写数与读数顺序要一致。不得留有空格或添加冒号。大写金额栏没有印"人民币"字样的，应在大写金额数字前填写"人民币"三个字。凡数字前写有币种符号的，数字后不再写货币单位。

【例 5-42】小写金额数字为"￥81,502,679.25"，其汉字大写金额数字应写成：人民币捌仟壹佰伍拾万零贰仟陆佰柒拾玖元贰角伍分。

错误写法：人民币　捌仟壹佰伍拾万零贰仟陆佰柒拾玖元贰角伍分。

错误写法：人民币：捌仟壹佰伍拾万零贰仟陆佰柒拾玖元贰角伍分。

【课堂练习 5-32】小写金额数字为"￥64,028,100.35"，判断其汉字大写金额数字写法正确与否，如果不正确要说明原因。

人民币：陆仟肆佰零贰万捌仟壹佰元叁角伍分。

人民币　陆仟肆佰零贰万捌仟壹佰元叁角伍分。

在发票、收据等凭证的大写金额栏内，一般印有"人民币"字样和固定的大写金额数位，即"拾、万、仟、佰、拾、元、角、分"字样。填写大写金额时，只需填入数量用字即可。

【例 5-43】武汉金星科技开发股份有限公司 2012 年 8 月 30 日购买空调机的购货发票如表 5-26 所示。

表 5-26　　　　　　　　　　购货发票
　　　　　　　　　　　　　×××发票

购货单位：武汉金星科技开发股份有限公司　　　日期 2012 年 8 月 30 日　　　NO：0045869

品名	型号	单位	数量	单价	金额							
					百	十	万	仟	佰	拾	元	角	分
空调机	XH3500	台	2	6,750			1	3	5	0	0	0	0
人民币（大写）	⊗拾壹万叁仟伍佰零拾零元零角零分				￥		1	3	5	0	0	0	0

制单：张洪　　　　　　　　收款：刘光美　　　　　　　　发货：

【课堂练习 5-33】长盛酒店有限责任公司于 2012 年 10 月购买型号为 SH2000 的电视机 5 台，单价 5,800 元，制单人为李乐，收款人为张海洋，请您为该公司开具一张购货发票（见表 5-27）。

表 5-27 购货发票

×××发票

购货单位： 日期 年 月 日 NO：08567

品名	型号	单位	数量	单价	金额								
					百	十	万	千	百	十	元	角	分
人民币（大写）	佰 拾 万 仟 佰 拾 元 角 分											

制单： 收款： 发货：

 小贴士

如果金额数字中含有"0"，则应该在大写相对应数位处填写"零"，并在大写金额栏前端未用部分用规定符号划销。

【例 5-44】以下是 2011 年 4 月 15 日广东省 N 市供电公司开给家佳旺有限公司交纳电费的增值税发票（见图 5-2、图 5-3）。

图 5-2 发票示例

模块五 会计数字书写技能与实训

			No 9087650547			
4400087610			开票日期：2011 年 04 月 15 日			

购货单位	名　　　称：N 市家佳旺有限公司　　　　　　　　　　　　　　　　 纳税人识别号：44010319048980A　　　　　　　　　　　　　　　地址、电话：N 市光明二路 15 号　86373695　　　　　　　　 开户行及账号：建行光明支行　1001001	密码区	（略）

货物或应税劳务名称	规格型号	单位	数　量	单　价	金　　额	税率	税　　额
工业电价		千瓦时	90 000	0.80	72 000.00	17%	12 240.00
合　　计					¥72 000.00		¥12 240.00

价税合计（大写）	⊗捌万肆仟贰佰肆拾圆整　　　　　　　　　　　（小写）　¥84 240.00

销货单位	名　　　称：N 市供电公司　　　　　　　　　　　　　　　　　　 纳税人识别号：440102312345888　　　　　　　　　　　　　　　地址、电话：白云大街 8 号电力大厦　　　　　　　　　　　　 开户行及账号：建设银行白云支行　123456789	备注	

收款人：李珀　　　　　　复核：韩宏　　　　　　开票人：冯峰　　　　　　销货单位（章）

图 5 - 3　发票示例

活动 2　金融票据出票日期的书写

为防止变造票据的出票日期，支票、发票等票据的出票日期必须使用汉字大写，在填写年、月、日时，应按照下列规则书写。

一、年的填写

年份应按阿拉伯数字表示的年份所对应的汉字大写书写。
【例 5 - 45】2012 年对应的大写是"贰零壹贰年"。

二、月的填写

月份中壹月和贰月前"零"字必写，叁月至玖月前不需要写零字，拾月写成"零壹拾月"，拾壹月和拾贰月必须写成"壹拾壹月"和"壹拾贰月"。
【例 5 - 46】月份数大写是：零壹月、零贰月、叁月、肆月、伍月、陆月、柒月、捌月、玖月、零壹拾月、壹拾壹月和壹拾贰月。

三、日的填写

1 日至 9 日、10 日、20 日、30 日前应加"零"字，11 日至 19 日必须写成"壹拾壹日或壹拾×日"，21 日至 29 日必须写成"贰拾壹日或贰拾×日"，31 日必须写成"叁拾壹日"。

【例 5-47】 支票出票日为 1 月 30 日，应写成"零壹月零叁拾日"。

【课堂练习 5-34】 支票出票日为 10 月 2 日应写成：_____

【例 5-48】 支票出票日为 10 月 10 日，应写成"零壹拾月零壹拾日"。

【课堂练习 5-35】 支票出票日为 2 月 25 日应写成：_____

【例 5-49】 支票出票日为 3 月 31 日，应写成"零壹月叁拾壹日"。

【课堂练习 5-36】 支票出票日为 2 月 10 日，应写成：_____

> 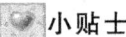 小贴士
>
> 根据银行有关规定，若票据出票日期是用小写填写的，银行不予受理。大写日期未按要求规范填写的，银行可予受理，但由此造成损失的，由出票人自行承担。作废的支票不得撕去，应由签发单位自行注销，并与存根一起保存。

活动 3 支票填写规范

知识驿站

支票是出票人签发的，委托办理支票存款业务的银行在见票时无条件支付确定的金额给收款人或者持票人的票据。

——《支付结算办法》第二章第五节第一百一十四条

一、支票种类

开立支票存款账户和领用支票必须有可靠的资信，并存入一定的资金。支票一经背书即可流通转让，具有通货作用，成为替代货币发挥流通手段和支付手段职能的信用流通工具。运用支票进行货币结算，可以减少现金的流通量，节约货币流通费用。

支票可分为三类，即现金支票、转账支票和普通支票。支票上印有"现金"字样的为现金支票，现金支票只能用于支取现金。支票上印有"转账"字样的为转账支票，转账支票只能用于转账。支票上未印有"现金"或"转账"字样的为普通支票。在普通支票左上角划两条平行线的，为划线支票，划线支票只能用于转账，不得支取现金。不划线的普通支票既可用于转账，也可支取现金。我国各大银行发行的支票，其格式及组成要素基本相同。下面给出现金支票、转账支票和普通支票的样式如图 5-4、图 5-5、图 5-6 所示。

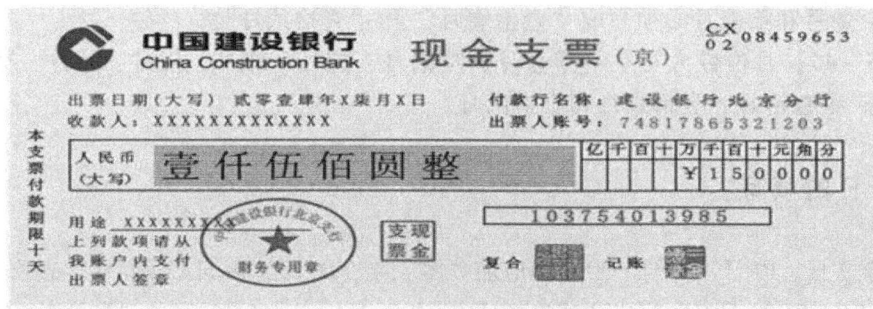

图 5-4 现金支票格式

（支票背面）

根据《中华人民共和国票据法》等法律法规的规定，签发空头支票由中国人民银行处以票面金额5%但不低于1000元的罚款。

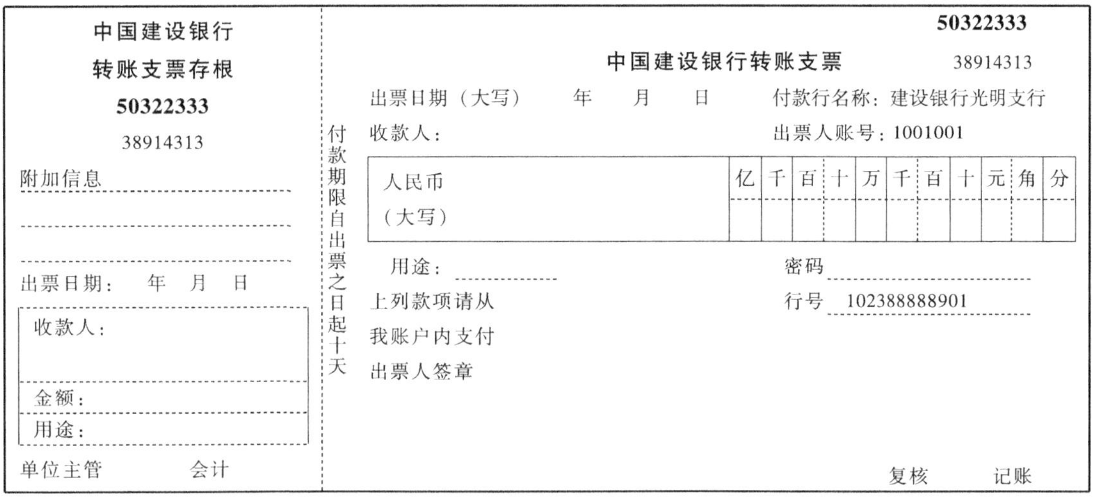

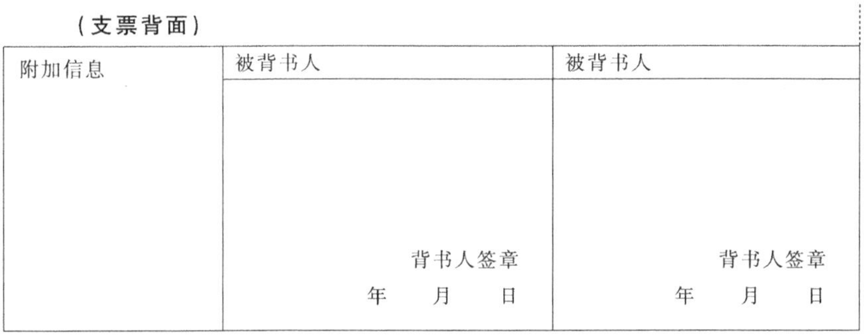

图 5－5　转账支票格式

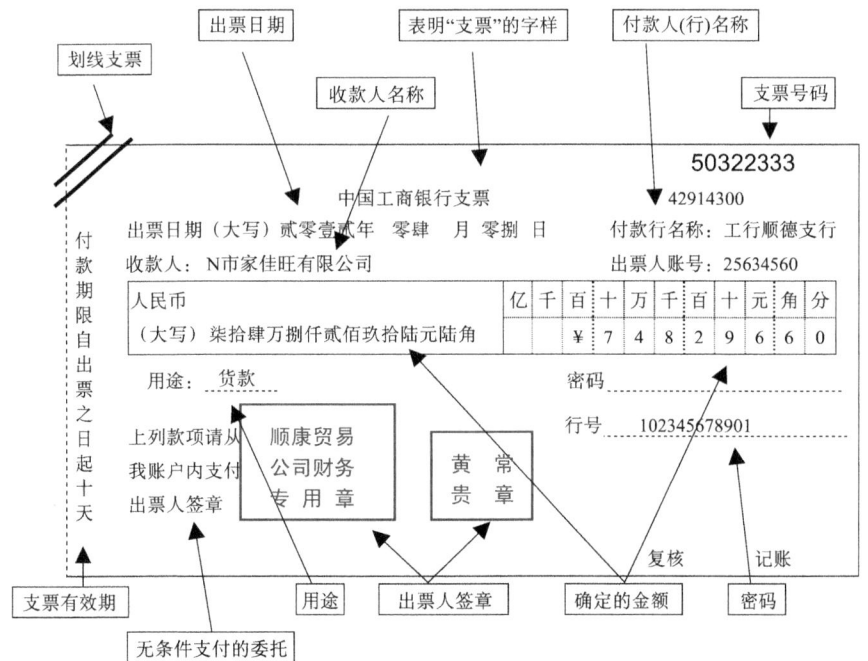

图 5－6　普通支票签发格式

二、支票签发的有关规定及实例

（1）签发支票应使用碳素墨水或墨汁填写，必须记载下列事项：①表明"支票"字样；②无条件支付的委托；③确定的金额；④付款人名称；⑤出票日期；⑥出票人签章。

（2）支票的付款人为支票上记载的出票人开户银行，使用支付密码的支票还应在支票相应位置填写支付密码等信息。

（3）支票的金额、收款人名称，可以由出票人授权补记。未补记前不得背书转让和提示付款。

（4）支票的大小写金额必须一致；支票的日期、大小写金额和收付款人名称不能更改，否则支票无效，对于票据上记载的其他事项，原记载人可以更改，但必须由原记载人签章证明。

（5）支票的提示付款期自出票之日起十天，到期日遇节假日顺延。

（6）出票人预留银行的印鉴是银行审核支票付款的依据，出票人可与银行约定使用支付密码作为支付的条件。出票人不得签发与其预留印签不符或支付密码错误的支票。

（7）出票人签发支票的金额不得超过付款时在付款人处实有的存款金额。禁止签发空头支票。

（8）签发现金支票，必须符合国家现金管理的规定。

> **小贴士**
>
> 空头支票是指出票人签发的支票在付款时，其在付款人处的存款账户内的余额小于支票的金额。中国人民银行对空头支票处以票面金额5%但不低于1000元的罚款，持票人有权要求出票人赔偿支票金额2%的赔偿金。

【例5-50】转账支票签发：2011年4月8日顺康贸易公司支付前欠N市佳旺有限公司的购货款，金额748,296.60元。

三、转账支票委托收款规定及实例

> **小贴士**
>
> 背书是指在票据背面或者粘单上记载有关事项并签章的票据行为。背书转让的，背书人应当承担票据责任。

单位持支票向银行提示委托收款，应作委托收款背书，同时填写进账单。进账单付款人、收款人信息及大小写金额必须与支票一致。提交人向开户银行提交支票和进账单时还需同时出示本人身份证件，并在支票背面摘录证件号码及发证机关。

知识驿站

单位、个人和银行办理支付结算必须遵守下列原则：①恪守信用，履约付款；②谁的钱进谁的账，由谁支配；③银行不垫款。

——《支付结算办法》总则第十六条

【例 5－51】委托收款背书：2011 年 4 月 12 日 N 市佳旺有限公司出纳李强持顺康贸易公司签发的转账支票金额 748, 296. 60 元到开户行申请进账（见图 5－7、图 5－8）。

委托收款背书格式

图 5－7　委托收款背书格式

填写进账单格式

中国建设银行进账单　（回单）　**1**

2011 年 4 月 12 日　　XV 16479721

付款人	全　称	顺康贸易公司	收款人	全　称	N 市佳旺有限公司
	账　号	25634560		账　号	25633365
	开户银行	工行顺德支行		开户银行	建设银行东风路支行

金额	人民币（大写）柒拾肆万捌仟贰佰玖拾陆元陆角整	亿	千	百	十	万	千	百	十	元	角	分
				¥	7	4	8	2	9	6	6	0

票据种类	转账支票	票据张数	壹张	
				交给银行后视为已盖章

此联是开户银行交给持（出）票人的回单

图 5－8　进账单格式

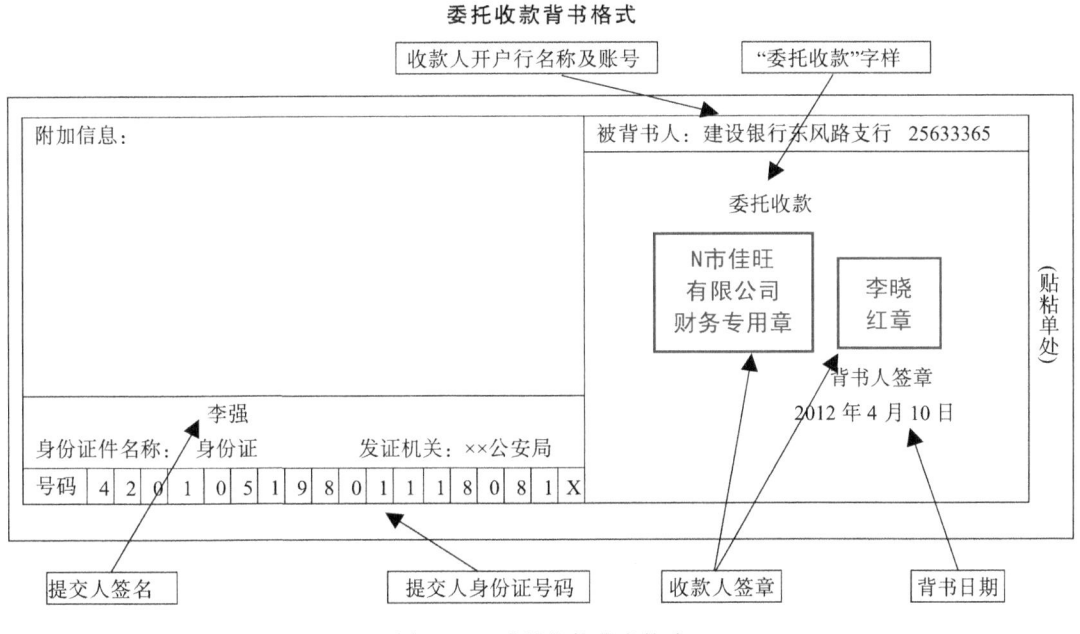

> **小贴士**
>
> 进账单第一联是客户回单联,第二联收款人开户行作贷方凭证,第三联交给收款人作收款通知。出票人将支票提交到开户行不需作委托收款背书。假设此笔业务出票人开户行是中国建设银行东风路支行,按银行支付结算的纪律,收款人开户行需将支票及时提出交换,待退票时间过了,收妥头寸后方可入收款人账户。

四、现金支票签发实例

【例5-52】现金支票填写。2012年10月12日,N市佳旺有限公司出纳李强提现金213,000元,以备发放工资(见图5-9现金支票填写)。

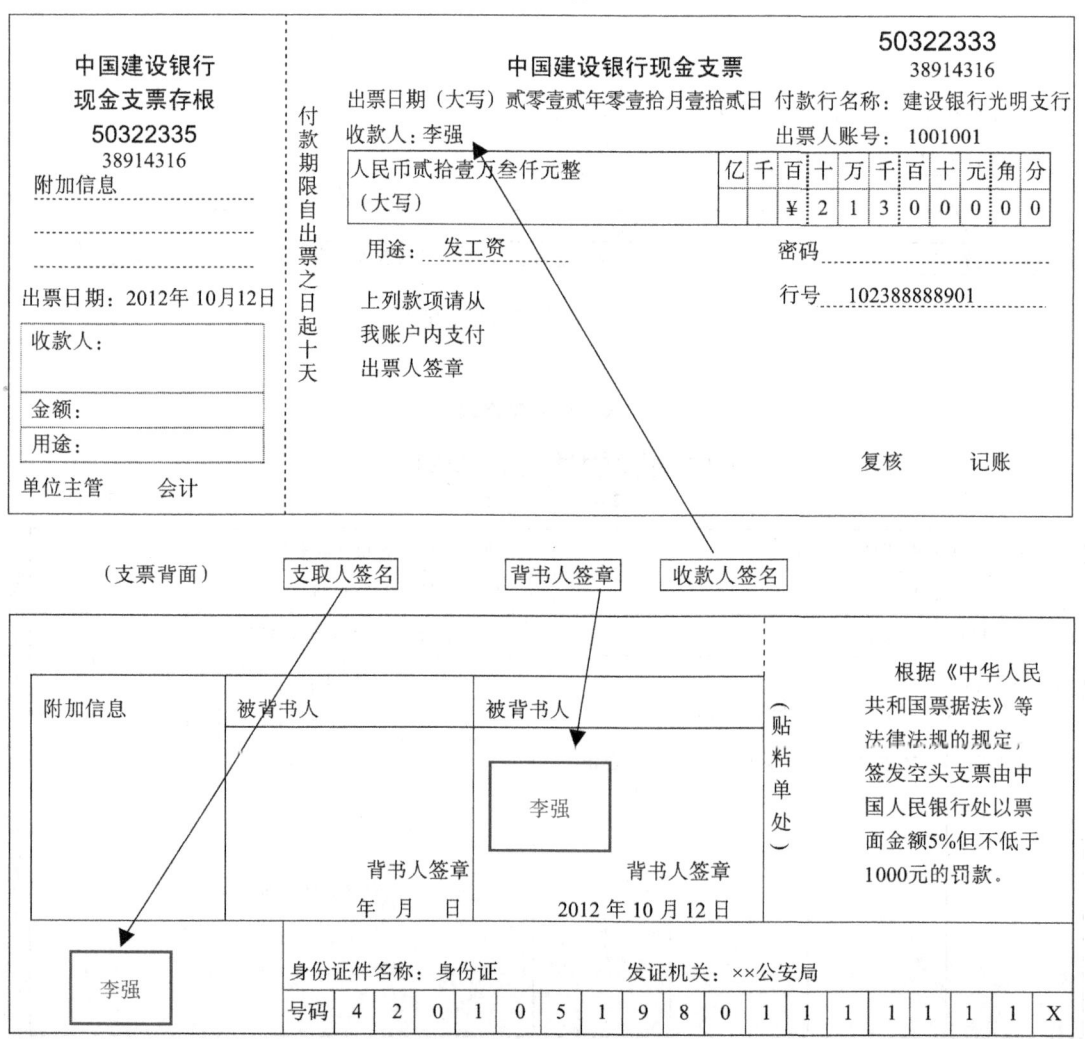

图5-9 现金支票填写

小贴士

收款人为个人的现金支票，收款人名称、背书人签章和取款人名称应该一致。

五、支票转让背书连续实例

【例 5-53】下列支票出票日期是 2012 年 9 月 31 日，签发时的收款人是武汉中百超市，经过两次转让：武汉中百超市→扬子江食品有限公司→中粮集团武汉分公司，最后的持票人是中粮集团武汉分公司（见图 5-10）。

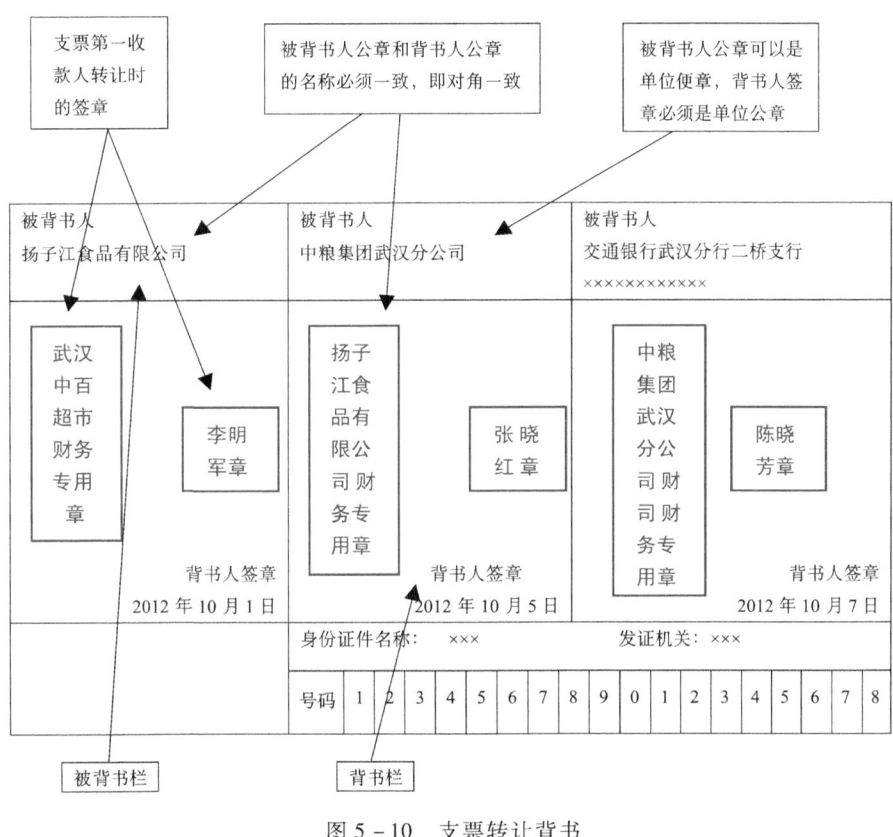

图 5-10　支票转让背书

活动 4　汇兑凭证

知识驿站

汇兑又称"汇兑结算"，是汇款人委托银行将其款项支付给收款人的结算方式。单位和个人的各种款项的结算，均可使用汇兑结算方式。汇兑分为信汇、电汇两种，由于它便于汇款人向异地的收款人主动付款，适用范围十分广泛。

一、签发汇兑凭证必须记载的事项

(1) 表明信汇或电汇的字样。
(2) 无条件支付的委托。
(3) 确定的金额。
(4) 收款人名称。
(5) 汇款人名称。
(6) 汇入地点、汇入行名称。
(7) 汇出地点、汇出行名称。
(8) 委托日期。
(9) 汇款人签章。

汇兑凭证上欠缺上列记载事项之一的,银行不予受理。

> **小贴士**
>
> 汇款人和收款人均为个人,需要在汇入银行支取现金的,应在信、电汇凭证的"汇款金额"大写栏,先填写"现金"字样,后填写汇款金额。
>
> ——《支付结算办法》第一百七十三条

二、电汇凭证样本

电汇凭证一式三联,必须套写。凭证第一联为回单联,第二联为借方凭证,第三联为发报联,凭以汇出汇款。

【例5-54】图5-11是2011—2012年度武汉大学研究生缴费电汇凭证回单联填写样式。

××银行 电汇凭证(回 单) No 012345 1

□普通 □加急 委托日期 2011 年 8 月 28 日

汇款人	全 称		收款人	全 称	学生本人姓名
	账 号	××××××××××		账 号	16位汉卡账号
	汇出地点	××省××市/县		汇入地点	省 武汉 市/县
汇出行名称			汇入行名称	汉口银行樱花支行 行号:313100000273	
金额	人民币(大写)×××××××××			亿千百十万千百十元角分 ¥××××××××	
			支付密码		
			附加信息及用途:武汉大学××学院××专业08××班级		
		汇出行签章	复核:		记账:

图 5-11 电汇凭证回单联

实训　支票、发票的填写训练

1. 在支票上填写出票日期练习活动

实训要求：采用财会规范的填写方法写出大写的支票签发日期，年份为 2012 年，请同学们在表 5-28 中试一试。

表 5-28　　　　　　　　　　　练习表

序号	日期	出票汉字大写日期			
(1)	1月18日	出票日期	年	月	日
(2)	2月8日	出票日期	年	月	日
(3)	3月10日	出票日期	年	月	日
(4)	4月28日	出票日期	年	月	日
(5)	5月30日	出票日期	年	月	日
(6)	6月15日	出票日期	年	月	日
(7)	7月20日	出票日期	年	月	日
(8)	8月12日	出票日期	年	月	日
(9)	9月25日	出票日期	年	月	日
(10)	10月31日	出票日期	年	月	日
(11)	11月29日	出票日期	年	月	日
(12)	12月6日	出票日期	年	月	日

2. 新华酒店有限责任公司于 2012 年 1 月 16 日购买型号为 XHD001 的电视机 5 台，单价 3,800 元，制单人为李晓，收款人为张海，请你为该公司开具一张购货发票，见表 5-29。

表 5-29　　　　　　　　　　购货发票
×××发票

购货单位：　　　　　　　　日期　年　月　日　　　　　　　　NO：08567

品名	型号	单位	数量	单价	金额							
					百	十	万	千	百	十	元	角	分
人民币（大写）			佰	拾	万	仟	佰	拾	元	角	分	

制单：　　　　　　　　　　　　收款：　　　　　　　　　　　　发货：

3. 2012年10月10日，W市力可股份有限公司开出转账支票支付W市百货公司购买的办公用品款项1000元，请代为填写（见图5－12）。（付款行名称：建设银行光明支行、出票人账号：1001002、行号：502488887901）

中国建设银行
转账支票存根
50322333
38914313

附加信息

出票日期：　年　月　日

收款人：
金额：
用途：

单位主管　　会计

付款期限自出票之日起十天

50322333

中国建设银行转账支票　38914313

出票日期（大写）　年　月　日　付款行名称：

收款人：　出票人账号：

人民币（大写）	亿	千	百	十	万	千	百	十	元	角	分

用途：　密码

上列款项请从　行号

我账户内支付

出票人签章

复核　记账

（支票背面）

附加信息	被背书人	被背书人
	背书人签章 年　月　日	背书人签章 年　月　日

（贴粘单处）

根据《中华人民共和国票据法》等法律法规的规定，签发空头支票由中国人民银行处以票面金额5%但不低于1000元的罚款。

图5－12　转账支票

模块六
财经基本技能实训及考核实施方案

> **小案例**
>
> 他为什么落选？
>
> ——"勤学苦练 持之以恒"不是空话哟！
>
> 王小军从武汉市某中职学校毕业后，参加了一次由学校组织的某银行新员工招聘考试，其中操作技能部分要求60秒内点对一把钞，并在2分钟内正确录入传票30页，王小军在非常紧张的情形下考完，结果落选。
>
> 经过事后老师分析：王小军落选的直接原因是点钞结果错了，传票算录入速度慢。深入分析发现王小军虽然在校期间学习了点钞及传票算技能，但平时练习"三天打鱼、两天晒网"，多为边练边讲话的"消遣式练习"，并没有"用心练习"，导致起把、清点、蹾齐、扎把、盖章等动作环节不连贯，而且没有识别出评委事先放入的假钞。小键盘录入坐姿、指法不规范，不会盲打。所有这些反映出王小军没有进行过严格的考级训练。看来，技能只学不真练是"假把式"，只有按科学的方法"天天练"才能学到真本领。

任务1 技能天天练

"天天练"是很多中等职业学校多年来一贯坚持的技能教学特色之一，它的主要做法是以班主任为主导，以学生技能实训为中心，以任课老师指导为辅助，以学管部门督察为保障的四位一体的立体式技能教学训练管理模式，引导学生苦练技能，增强就业、择业的能力。天天练的形式可根据教学进程设计为观看技能视频、选手示范、计时训练、模拟通级考核等。学校教务部门在各个学期都制定下达技能达标合格率指标，每学期末复核各班考核成绩，对于达标班级的班主任要给予奖励，对未达标班的班主任给予处罚，考核的成绩要与学生毕业、就业挂钩。

各班天天练的内容可由班主任根据实际情况灵活掌握，例如：周一、三点钞，周二、四、五为小键盘计算技能。为确保任课老师课堂指导有目标、有内容，有效果，可根据各班需要制定指导值班表,并作好记录。学校学管部门要有专人值班加强督察。

为调动班主任、学生的积极性,技能老师要协助学生科对班主任开展以《班主任如何抓好技能?》为主题的管理培训。为了更有效地指导第一课堂与第二课堂的教学结合,应配合使用与教学考核相配套的《财经基本技能天天练》《收银实务与实训》等习题集,制作点钞教学辅导片,确保技能训练有内容、有要求。校技能选手集训队还应定期组织优秀选手到各班去进行操作示范、介绍技能训练心得、技巧。为不断推动学生练习技能,还应制定学校点钞、小键盘技能比赛办法,坚持每学期组织一次校技能节(比赛),组织学生观摩比赛。通过以上措施的实施,使技能的普及与提高成为全体师生的共同目标,使技能节(比赛)融入校园文化节,办出中职财经商贸类学校的特色。

知识驿站

单项练与综合练

单项练与综合练是技能教师在课堂教学中经常采用的训练形式,所谓单项练与综合练是针对技能教学内容的要素(或环节)而言的,逐个要素去练习称为单项练,综合性连贯性练习称为综合练。例如,单指单张点钞法实训时,拆把、持钞、清点、记数、蹾齐、扎把、盖章七个环节一个个练习就是单项练;而将整个流程连贯起来训练就是综合练。

教你一招

任课老师、班主任如何抓好技能天天练?

(1)实行目标管理及奖惩制度。瞄准学校技能考核标准与要求,制定本班级各学期应该达到的目标,目标以高于学校标准为宜。对于达标的要给予操行加分等奖励,对于不达标的要给予扣分等处罚,对于在各类技能比赛中为班级争光的学生要给予精神或物质奖励,如优先推荐参加"三好生"等奖励的评选。

(2)抓两头带中间,促使班级技能水平的全面提高。一头指技能尖子,另一头指动手能力较差的学生,注意两手抓,两手都要硬。

(3)充分发挥技能尖子的带头作用,实行技能一帮一结对活动。榜样的力量是无穷的,"兵教兵"会有意想不到的效果。

(4)要利用第二课堂、双休、寒暑假等时间布置任务进行补差或提高,注意要取得家长的支持与配合。

任务2 点钞技能考核标准和考核的实施

活动1 学习点钞技能考核标准

(1)点钞通级质量标准(单位:每把100张)要求:100%准确。

(2)点钞考核的项目分为单指单张和多指多张,考核时间各5分钟。

(3) 点钞考核的方式可按散把和整把两种形式进行，起步阶段暂时只考核整把，成熟以后可考核散把。

(4) 各级别对应标准如表6-1所示：

(5) 毕业要求：会计及金融专业精品班（第一层次班级）毕业时达到普通一级水平；第二层次班级毕业时达到普通二级水平；第三层次班级毕业时达到普通三级水平。

(6) 为保证毕业达标，每个学期各层次学生应该达到的阶段性水平如表6-2。

(7) 为鼓励学生刻苦练习，可保留平时考核取得的最好成绩至毕业。

(8) 对于学生在各级技能比赛获得的成绩折合成通级成绩计入学生的学习档案。

表6-1　　　　　　　　点钞级别及对应考核标准

标准及项目		单指单张		多指多张	
		散把	整把	散把	整把
普通级 （5分钟）	四级	200	300	300	400
	三级	300	400	500	600
	二级	500	600	600	800
	一级	700		1000	
能手级 （10分钟）	三级	1800		3000	
	二级	2000		3400	
	一级	2400		4000	

表6-2　　　　　　　　点钞每学期各层次学生应该达到的考核标准

教学层次＼各学期标准	第二学期	第三学期	第四学期	第五学期	第六学期	各学期考核通过率
第一层次班级	4级	3级	2级	1级	1级	90%
第二层次班级	4级	3级	3级	2级	2级	80%
第三层次班级	4级	4级	3级	3级	3级	80%

活动2　点钞通级考核的实施

1. 通级形式

(1) 随堂考核方式：对有教学任务的班级，由任课老师按照教学计划要求随堂组织，并负责监考、阅卷、成绩记录与上传等工作。

(2) 统一组织考核方式：对没有教学任务的班级，由相关教研室制定学期考核计划，负责组织学生到实训室考核，并负责监考、阅卷、成绩记录与上传等工作。

2. 随堂考核实施流程

(1) 整理点钞券。

要求能上课前整理好点钞券。每本券上写好名字，编号，按序号排列好。

(2) 按组考核。

①顺序：一组、二组、三组、四组。

②要求：本组考核时，其他组同学认真训练，保持教室安静。每个项目考核 5 分钟，先考核单指、后多指，为了养成"一遍点准"的习惯，要求每点完一把就扎一把。填写成绩单（见表 6－3）时，请按表格要求认真填写，特别注意只填错把情况，并且各项错把编号与错张数上下对应填写。

③考核组上交整理好的点钞券，老师设错把，并记录所设错把。

④发放成绩单，同学填写班级、姓名、考级日期，并在考核项前打"√"。

⑤老师返还已设好错的点钞券，学生核对并按序号放好，准备好把条。

⑥发令：预备（单指或多指第一把起把在手）开始……4 分 50 秒时，老师口令："最后 10 秒，9、8、7、6、5、4、3、2、1、停"。

⑦收成绩单，并核对实点把数与扎把松紧等。

⑧返还所抽的零张。

⑨批阅成绩单，宣布本组考级结果，老师登记成绩（见表 6－3）。

表 6－3　　　　　　　　　点钞通级成绩记录单

考核时间：　　　评定级别：　　　单指点对　　把；多指点对　　把　　　阅卷老师：

班级：		姓名：	学号：	座号：	时间：各 5 分钟
	单指单张共点把数：（　）把		错把编号：（　）｜（　）｜（　）｜（　）｜（　）		
			错　张　数：（　）｜（　）｜（　）｜（　）｜（　）		
	多指多张共点把数：（　）把		错把编号：（　）｜（　）｜（　）｜（　）｜（　）		
			错　张　数：（　）｜（　）｜（　）｜（　）｜（　）		

3. 统一组织考核实施流程

（1）制定学期考核计划：由相关教研室技能组于开学第二周提出本学期各班级点钞考核计划，上报教务部门，并下发各考核班级。

（2）考核前的准备工作：由技能组老师做好考核前的整理点钞券、设错、发放成绩记录单、发放把条等各项考前工作。

（3）监考：由技能组老师负责担任。

（4）成绩记录与反馈：指定专人负责各班级等级鉴定的成绩记录、保管与上传。

教你一招

任课老师、班主任怎样组织点钞模拟考级？

方法一　同桌之间相互设错，班主任统一计时法。此法可信度较差，适合于自我提高训练或一般摸底测试。

方法二　由班主任先设错考核技能尖子生，再由技能尖子生设错考核其他学生。此法可信度较好，适合于日常模拟考核，并将记录的成绩公示于教室。

方法三　由班主任亲自设错抽查考核学生。此法可信度最高，但工作量较大，适合于正式通级前的模拟考级。为减轻负担，班主任可采取分批次抽查重点学生的形式，对技能尖子生实行免检。

视频28　点钞通级单指

视频29　点钞通级多指

任务3　小键盘计算技能考核标准与考核的实施

活动1　学习传票算技能考核标准

（1）传票数字录入是小键盘计算技能考核的重要内容之一，传票算每题为连续十行数字，0~9数码均衡出现，每题约80键。

（2）通级考核时间为10分钟，各级别对应考核标准如表6-4所示。

表6-4　　　　　　　传票算级别及对应考核标准

级别	九	八	七	六	五	四	三	二	一
对题	7	8	9	10	11	12	13	14	15
分数	70	80	90	100	110	120	130	140	150

（3）毕业要求：会计及金融专业精品班（第一层次班级）毕业时达到普通四级水平；第二层次班级毕业时达到普通五级水平；第三层次班级毕业时达到普通八级水平。

（4）为保证毕业达标，每个学期各层次学生应该达到的阶段性水平如表6-5所示。

表6-5　　　　传票算每学期各层次学生应该达到的考核标准

教学层次 \ 各学期标准	第一学期	第二学期	第三学期	第四学期	第五学期	第六学期	各学期考核通过率
第一层次班级	9级	8级	7级	6级	5级	4级	90%
第二层次班级		9级	8级	7级	6级	5级	80%
第三层次班级		9级	9级	9级	8级	8级	80%

活动2　学习加减算技能考核标准

（1）加减算是小键盘计算技能考核的基本内容之一，加减算每题为15行数字，0-9数码均衡出现，每题约110键。

(2) 通级考核时间为 10 分钟，各级别对应考核标准如表 6-6 所示。

表 6-6　　　　　　　　加减算级别及对应考核标准

级别	七	六	五	四	三	二	一
对题	4	5	6	7	8	9	10
分数	40	50	60	70	80	90	100

（3）毕业要求：会计及金融专业精品班（第一层次班级）毕业时达到普通三级水平；第二层次班级毕业时达到普通四级水平；第三层次班级毕业时达到普通五级水平。

（4）为保证毕业达标，每个学期各层次学生应该达到的阶段性水平如表 6-7 所示。

表 6-7　　　　　加减算每学期各层次学生应该达到的考核标准

教学层次＼各学期标准	第一学期	第二学期	第三学期	第四学期	第五学期	第六学期	各学期考核通过率
第一层次班级	7 级	6 级	5 级	4 级	3 级	3 级	90%
第二层次班级		7 级	6 级	5 级	4 级	4 级	80%
第三层次班级		7 级	6 级	5 级	4 级	4 级	80%

活动 3　学习票币算技能考核标准

（1）票币算是小键盘计算技能的应用型算法，票币算每题为 13 券别面值与张（枚）数，需要计算出其合计金额。张（枚）数由 0－9 数码随机组成，每题约 80 键。

（2）通级考核时间为 5 分钟，各级别对应考核标准如表 6-8 所示。

表 6-8　　　　　　　　票币算级别及对应考核标准

级别	三	二	一	能手三级	能手二级	能手一级
对题	3	4	5	6	8	10
分数	30	40	50	60	80	100

（3）毕业要求：会计及金融专业精品班（第一层次班级）毕业时达到能手三级水平；第二层次班级毕业时达到普通一级水平；第三层次班级毕业时达到普通二级水平。

（4）为保证毕业达标，每个学期各层次学生应该达到的阶段性水平如表 6-9 所示。

表 6-9　　　　　票币算每学期各层次学生应该达到的考核标准

教学层次＼各学期标准	第一学期	第二学期	第三学期	第四学期	第五学期	第六学期	各学期考核通过率
第一层次班级	3 级	2 级	1 级	1 级	能手三级	能手三级	90%
第二层次班级		3 级	2 级	2 级			80%
第三层次班级			3 级	2 级			80%

活动 4　小键盘计算技能考核实施流程

（1）制定学期考核计划：由技能组于开学第二周提出本学期各班级点钞考核计划，上报教务部门，并下发各考核班级。

（2）在起步阶段小键盘技能只考核传票算，其他项目只进行实训，考核由班主任教师掌握。

（3）考核前的准备工作：由技能组老师做好清理考场、开机初始化等各项考前的准备工作。

（4）监考：由技能组老师负责担任，并由学校教务部门认定其工作量（建议：每场次 1 个教师监考，给予每人 1 个课时的工作量）。

（5）成绩记录与反馈：指定专人负责各班级等级鉴定的成绩记录、保管与上传。

教你一招

任课老师、班主任怎样实现有效的技能教学考核目标管理？

（1）坚持每天从基本功练起，磨刀不误砍柴功。例如：点钞技能中的扎把，小键盘技能中的盲打、传票翻页、看数与记数等基本功要经常练，"拳不离手、曲不离口"。

（2）坚持定期考核制度。最好每周一小考、每月一大考，还可以组织班级技能比赛，每次考核的成绩在班级板报上动态显示。

（3）对于技能较差的学生要采取多种手段加大训练力度，使其尽快赶上来。

（4）定期向家长反馈学生技能考核成绩，争取家长的配合。

任务 4　学习财经基本技能考核规则

（1）每次财经基本技能考核（俗称"通级"）时，考生必须携带学生证、校牌等有效证件及相应的通级用具按时到达通级地点，迟到考生作自动弃权论处。

（2）考生应该爱护公共财物，特别是点钞券、海绵缸、翰林提等考试工具，损坏者赔偿。

（3）在准备时间内，禁止一切同点钞、传票算有关的操作，只允许放置通级工具、调整好小键盘考试设置、填写记录单等。

（4）点钞通级时监考老师喊"预备"口令，考生可持第一把钞在手，但是不允许点出第一手或第一张，传票算可翻到起页。

（5）关于扣张：未扎把每把扣 50 张，未盖章每把扣 10 张，未拆把每把扣 10 张，扎把散开每把扣 20 张。

（6）通级时考生必须要服从监考老师的指挥，采用相应的指法参加考试。

（7）除特殊情况外，考生不按安排的场次按时参加通级，作自动弃权论处，不再单独补考。

（8）考生代考按学校舞弊处理办法执行，通报班主任，并且双方均取消一次通级机会。

> **教你一招**
>
> **班主任老师如何配合任课老师组织技能通级？**
>
> （1）及时将通级时间安排表告诉学生，并张贴在班级信息公告栏。
> （2）指定专人负责（如技能科代表），具体组织全班学生提前5分钟到位，并作好考勤记录，对于确因特殊原因不能参加通级的学生要告诉监考老师。
> （3）敦促技能课代表按时记录每次技能通级的成绩，并及时填写在班级公告栏。
> （4）在通级考试前夕组织模拟考级，及时发现问题，增强学生临场经验。
> （5）经常与考级的老师、学生沟通，了解学生参加通级的情况，以便实施有效的技能教学考核目标管理。

任务5 对影响参赛相关因素的分析及对策

（1）在器材的准备上要有针对性。在培训前需提前购入比赛器材，学生在训练时通过不断地练习才能达到逐步适应的目的，在比赛时就不会出现器材不顺手产生成绩不理想的情况，这点在翻打传票和点钞这两个项目上尤为明显，翻打传票要求选手在数字键盘上准确迅速地操作，不同品牌键盘的键程（按键的高低）都会有差异。

（2）在选手选择上以成绩为主也要顾及潜力："广播种，精收粮"，只有在参与培训学生基数大的情况下，后期优秀选手产生的几率才会增大。可以在进行竞赛培训前先开一个与竞赛内容有联系的兴趣小组，从中可以挑选出一些确实对竞赛感兴趣且有能力的学生，然后进行竞赛培训。再采取定期模拟比赛的方式逐步淘汰能力不足的学生，产生合理良性的竞争机制，适当压力可以加强学生对比赛的适应力。但需要注意的是有一些选手具有很大的发展潜力，但是由于前期进入状态比较慢或者其他一些特殊原因，造成成绩不理想而遭到误淘汰的情况。

（3）参赛选手合格心理素质的训练：心理素质的优劣在正式比赛时对成绩的影响是巨大的。天生就具有稳定心理素质的学生很少，但可以通过正确的训练来改善选手的心理素质。有些辅导老师习惯把选手安排在安静的环境下进行训练，这种做法前期是必要的，但是一直在这样的环境下训练，选手的抗干扰能力得不到锻炼，当比赛出现干扰时，心情会出现波动，从而影响成绩。合理的做法是后期把选手安排在嘈杂的环境中进行训练，比如辅导教师上课的机房，来来往往的上课学生以及授课的环境对竞赛选手都会产生干扰，这种刺激效应最终带来的结果就是竞赛选手对恶劣环境的漠视，拥有一颗"大心脏"；而且这种方式带来的另外的好处是辅导教师可以随时对竞赛学生不懂的问题给予及时解答，提高培训效率。还有就是要定期邀请其他学校的选手参加友谊赛，在友谊赛中培养学生比赛中的心理稳定性，也可以通过对比看到自身不足的地方，以便进行改善。

（4）培训进度松紧程度的控制：如果运动员以100米的短道速度去跑马拉松，肯定跑不到终点的。很多辅导老师在培训时都是开展题海战术式训练，认为只管多做就会出成绩，培训一开始就上量，甚至全期都停课培训。这样的做法是不科学的。可以分前、中、后三期进行，前期（兴趣小组）目标是让选手了解比赛项目内容，完成基础的知识和技能训练，时间不能太长，2—3个小时比较合适。中期加强选手的基础知识结构并要求学生提高完成内容的速度，可以把训练时间增加到5—7小时。后期要求选手在保证速度的前提下追求竞赛内容的成功率，可以采取全天停课训练。从松到紧、从易到难、从会到精，逐步地完成培训内容。还有一点需注意的是在比赛前一个星期要对选手进行调整训练，以放松为主，不可再进行大量练习。

（5）训练中细节的处理：细节决定成功，辅导老师在培训的细节上也要有一定的把握。最好主动和选手进行沟通，了解选手的心理和生活情况，并及时给予相应的开导和帮助。同时也要了解学生对培训内容的完成情况和合理建议，及时做出调整。每位选手的性格都会有所差异，可以针对不同的选手适当的调整培训方法，做到因材施教。三个比赛项目由于其各自的特点，训练时的方法也有差异：会计电算化要注重键盘和鼠标的协调配合，尽量多用快捷键加快速度，要求选手对整套账务具有完整规范的程序思路；翻打传票要注意手型的正确，因为手型固定后就很难再改，所以前期培训的时候不可强求学生提高速度，有时反而要求学生放慢以改正错误的动作；点钞最好是先把连贯的动作分拆开来，分小项目进行训练，方便于查找选手的问题出处。等到每个小项目都规范以后再按照比赛顺序进行训练，这样对选手的速度和正确性都有很大的帮助。有一点是大家都容易忽视的，就是选手训练时无意中养成的小动作，大多数培训老师都不以为然，如果不在平时的训练中给予及时纠正，不管是在培训效率还是正式比赛中都会为选手造成无形的障碍。

（6）比赛时进行主动干预：平时比老师，赛时比学生。在比赛时，有些辅导教师自认为是个围观者的被动角色，主要在于学生自己的临场发挥，这样的认识是错误的。因为比赛要在一天内完成，工作量很大。为了让竞赛学生能把平时的水平正常发挥出来，甚至是超水平发挥，辅导教师应该积极地参与进去，做一个好"后勤部长"，调整好学生的心态、缓解压力，比如带一些常用药品，以备万一。

（7）赛后进行总结，善于利用以赛选手的经验：比赛结束，并不表示任务的完成，辅导教师应该立刻为下一次的比赛做准备，及时把在比赛中所出现的问题和疏忽的环节进行总结并找到解决的办法，这样才能不断地获得新的突破。由于学制的原因，参赛选手往往只能参加一届比赛，但是他们所积累的丰富经验要充分利用，可以在下次开办兴趣班的时候安排他们做助教。这有几方面的好处，一是由于年龄的原因比较能和新的参赛选手融合在一起；二是传授以往的比赛经验；三可以起到标杆的作用，为新的选手树立具体的目标；四可以降低辅导教师的工作量，把辅导教师从前期沉重的辅导工作中解脱出来。

结论："冰冻三日，非一日之寒"，想在比赛中获得优异的成绩，在于辅导教师和选手之间默契的配合。辅导教师作为团体的思想核心，应该顾及到多方面的因素。包括对各阶段合理目标的设定、细致的教导、和选手有效的沟通，并选择正确的激励方式和淘汰机制，对培训和比赛过程中选手所反馈的情况进行分析并给予及时的处理，以及保持一个良好的心态。而作为比赛的主要参与者——学生，应该积极参与到培训中，在严格执行教师分派任务的同时根据自己对所学知识的判断提出自己的见解，两者相互促进，共同成长。